DIX ANNÉES DE DÉFICIT

PARIS. — IMP. VICTOR GOUPY, RUE GARANCIÈRE, 5.

DIX

ANNÉES DE DÉFICIT

de 1859 à 1869

PAR ÉMILE KELLER

ANCIEN DÉPUTÉ.

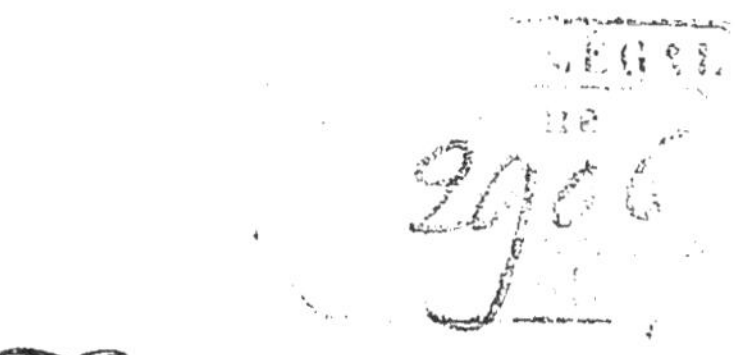

PARIS

LIBRAIRIE POUSSIELGUE FRÈRES

27, RUE CASSETTE.

1869

PRÉFACE

Je réunis ici une série d'études sur la situation économique et financière de la France. Écrites à plusieurs années de distance, elles se complètent l'une l'autre, et permettent de se faire une idée juste de la fortune publique. Pour une société, comme pour une famille, la bonne ou mauvaise gestion des intérêts matériels est presque toujours l'indice d'une bonne ou mauvaise direction morale. Les richesses d'un grand peuple sont l'arme avec laquelle il exécute tour à tour les travaux de la paix ou de la guerre. Il ne saurait les dissiper sans porter atteinte à la prospérité intérieure et à son influence dans le monde. Il importe donc à tous les points de vue qu'au moment solennel où la France va être consultée dans ses comices, elle se rende un compte exact de l'emploi de ses deniers. C'est en vain qu'on voudrait encore la distraire par le bruit d'expéditions lointaines ou par le mirage des travaux de sa capitale. Au point où les choses en sont venues, toute illusion serait dangereuse. Le gouvernement et le pays en seraient également victimes.

Il est certain que grâce à quarante années d'une paix sans interruption, l'empire a trouvé la richesse générale dans un magnifique essor. Il a pu croire les ressources de la France inépuisables et l'accroissement des revenus publics illimité. Et, de fait, rien n'arrêterait ce progrès marchant avec la vitesse accélérée des intérêts composés, si des entreprises stériles ne venaient absorber l'épargne à mesure qu'elle se produit, ou, chose plus grave encore la tarir dans sa source en attirant les capitaux. Au milieu des alternatives de prospérité et de souffrance auxquelles les peuples ont toujours été soumis, nous sommes, depuis 1852, à l'une de ces grandes époques d'abondance pendant lesquelles il faut faire des provisions pour supporter les crises inévitables. Telle était la loi que la génération présente devait s'imposer, et c'est à ce point de vue que l'avenir la jugera lorsqu'aux prises avec des temps moins heureux, il se demandera quelles ressources nous lui aurons ménagées.

On se tromperait si l'on croyait que le gouvernement n'a atteint la richesse publique que par son propre budget et par ses emprunts. Il a agi sur elle par le budget des départements et des villes dont il était le tuteur, par les concessions accordées aux grandes compagnies financières, enfin par le remaniement des tarifs qui protégeaient le travail national. Nous examinerons successivement ces diverses branches de notre situation financière, et nous arriverons à constater qu'il est grand temps de mettre un terme aux déficits des budgets, aux dépenses de Paris et des guerres inutiles, aux folles entreprises de crédit et de spéculation, enfin aux souffrances de l'agriculture et de l'industrie. Mais pour résister aux entraînements qu'il subit depuis dix ans, il faut que le pays manifeste énergiquement sa volonté. Une fois averti, c'est à lui d'aviser.

I

BUDGET DE 1863.

Paris, le 17 avril 1862.

Monsieur le rédacteur,

L'appel fait à l'opinion par le nouveau ministre des finances nous impose à tous le devoir de chercher par quelles économies ou par quelles ressources nouvelles pourra se rétablir l'équilibre de nos budgets. J'ai donc pensé qu'il ne serait pas sans intérêt pour vos lecteurs de savoir d'une manière pratique dans quelles conditions se présente le budget de 1863 en ce moment soumis au Corps législatif, et quelle portée pourront avoir les impôts nouveaux qui nous sont proposés.

Depuis 1853 nos recettes se sont accrues en moyenne de 50 millions par an, ce qui en onze années fait 550 millions. En effet, estimées pour 1853 à 1,450 millions, les recettes se monteront à 2 milliards en 1863, et cela sans tenir compte des nouveaux impôts. Malheureusement, nos dépenses ont marché encore plus vite, et elles sont estimées pour 1863 à environ 2 milliards 100 millions, ce qui constitue un déficit de 100 millions. Pour y pourvoir, on nous propose cinq taxes : 1° sur les chevaux et voitures; 2° sur les factures; 3° sur l'enregistrement; 4° sur le sucre; 5° sur le sel.

La première, sur les chevaux et voitures, serait la plus acceptable, si elle produisait un résultat sérieux. Mais elle ne ferait que reprendre à la race chevaline les cinq millions qu'elle reçoit tous les ans comme encouragement de l'État, des départements et des comices agricoles.

La taxe sur les factures serait surtout une gêne pour le petit commerce, et en définitive elle retomberait sur les acheteurs au détail, qui paient déjà leurs marchandises plus cher que les autres.

L'augmentation des droits d'enregistrement grèverait la propriété foncière pour qui ces droits sont aujourd'hui déjà une charge si lourde, alors que les valeurs mobilières, titres de rente, actions, obligations, sont affranchies de toute participation sérieuse aux charges publiques. A l'avenir, les droits de mutation seraient exigés avec plus de sévérité, et, dans les procès que fait naître trop souvent le désir d'échapper aux rigueurs du fisc, les frais de justice seraient augmentés environ d'un cinquième.

Les deux dernières taxes sur le sucre et sur le sel auraient un caractère plus grave, en ce qu'elles pèseraient plus particulièrement sur l'agriculture.

Le cultivateur consomme peu de sucre, mais il en produit, et il serait à désirer qu'il en produisît tous les ans davantage. Les betteraves destinées aux raffineries ont fait la richesse du département du Nord. De toutes les racines, c'est celle qui donne le produit le plus régulier et le plus abondant, et les résidus les plus utiles à la nourriture et à l'engraissement du bétail. L'abaissement des droits sur le sucre faisait espérer que la betterave prendrait une place de plus en plus large dans l'assolement de nos terres. Dans la seule année 1861, la consommation du sucre s'était élevée de 201 à 248 millions de kilogrammes. Ainsi, avec quelques années de patience, le trésor retrouverait sur la quantité ce qu'il perd sur

l'élévation des droits, et un grand nombre de départements, notamment le Haut-Rhin et le Bas-Rhin, appren-
draient à cultiver en grand la betterave, non plus repi-
quée comme elle l'est maintenant, mais semée en lignes
et puis éclaircie comme elle l'est dans le Nord et en Angleterre. Il serait donc fâcheux d'abandonner pour un
profit momentané des avantages à venir d'une importance
incontestable.

L'accroissement de la taxe sur le sel ne serait pas moins
regrettable. Le sel est indispensable à la santé de l'homme
et des animaux, et Dieu l'a prodigué avec tant d'abondance que son prix de revient est d'environ 50 centimes
les 100 kilogrammes. Il est grevé à l'heure qu'il est d'un
droit de 10 fr., c'est-à-dire d'un droit égal à vingt fois
sa valeur naturelle. On propose de l'élever à 20 fr., c'est-
à-dire à quarante fois sa valeur. Ce serait une exagération
évidente, et elle frapperait surtout les classes les moins
aisées et les industries les plus modestes. En effet, le sel
est le seul assaisonnement du cultivateur et de l'ouvrier.
Il en mange dans sa soupe, il en mange sur ses pommes
de terre, et, quand il se donne un morceau de viande,
c'est encore de la viande salée. Le pauvre consomme
donc autant et plus de sel que le riche ; c'est pour lui un
préservatif nécessaire contre la maladie et les infirmités
dont il est plus spécialement menacé. A raison de 5 kilogrammes par tête, ce qui est peu, cela fait pour un ménage de six personnes une consommation de 30 kilogrammes par an, et par conséquent un impôt de 3 francs,
qui monterait à 6 francs avec la nouvelle taxe. Si le père
de famille dont je parle est en même temps cultivateur,
et s'il est éloigné de la mer, dont l'air salé suffit à la santé
du bétail, il sera obligé de donner du sel à ses vaches et
à ses moutons, d'en mêler à ses fourrages avariés. De
plus, il lui en faudra pour la fabrication de ses fromages

et pour la préservation de sa viande salée. L'impôt ne sera plus pour lui de 3 francs, mais de 7, 8 et 10 francs, c'est-à-dire avec la taxe nouvelle de 14, 16 et 20 francs.

Ainsi les impôts proposés pèseraient presque entièrement sur la propriété foncière, sur l'agriculture et sur les classes les moins aisées. Assurément, si la patrie était en danger, chacun accepterait avec empressement ce surcroît de fardeau. Mais il est douloureux de penser que cette nécessité se produit en pleine paix, après onze années d'une prospérité sans égale, avec des recettes qui atteignent déjà le chiffre de deux milliards. Pour l'admettre, il faudrait l'impossibilité absolue de réaliser 100 millions d'économie. Cette impossibilité existe-t-elle? voilà ce qui nous reste à examiner.

Dans le budget qui nous est proposé,

La dette publique et les dotations s'élèvent à . . . .   667 millions.
Les frais de perception et remboursements à . . . .   255 »
Les dépenses départementales à . .   223 »
Les services civils à. . . . . . .   272 »
Les services militaires à . . . .   536 »
Les travaux extraordinaires à. . .   139 »

Total . . 2092 millions.

Il n'est possible de modifier sérieusement que les deux dernières sections, les services militaires et les travaux extraordinaires, et c'est à peine si sur le reste on parviendrait à retrancher une dizaine de millions.

Dans les services militaires, il ne faut pas songer à réduire la marine. Elle dépasse 150 millions; mais c'est pour nous un devoir de premier ordre de la maintenir dans une situation respectable en face de l'Angleterre

qui, elle, n'épargne rien pour rester la reine des mers.
Avec les progrès de la science moderne, il nous faut à
tout prix une flotte cuirassée pour protéger nos ports,
nos établissements commerciaux ou militaires, et pour
nous permettre de parler haut et ferme aux Anglais
comme aux peuples du continent.

Sur terre, il n'en est pas de même. Les victoires de
Malakoff, de Magenta et de Solferino ont valu à notre
drapeau un prestige devant lequel chacun s'incline, et
l'on pourrait sans danger ramener le budget de l'armée
au chiffre de 1853, c'est-à-dire de 370 à 306 millions :
économie de 64 millions. Pour y parvenir, il faudrait,
comme autrefois, ne lever que 80,000 conscrits au lieu
de 100,000, ce qui laisserait un plus grand nombre de
bras dans nos campagnes, et permettrait de diminuer le
prix excessif du remplacement.

Si de l'armée nous passons aux travaux extraordinaires, nous y trouvons près de 19 millions de travaux con-
cernant exclusivement Paris, c'est-à-dire, dans une seule
année, les trois quarts de la somme consacrée une fois
pour toutes à l'achèvement des chemins vicinaux. Quelque intéressants que soient ces embellissements de la
capitale, on pourrait en ralentir quelques-uns, renoncer
à quelques autres, spécialement à cette salle d'Opéra, qui
à elle seule coûtera au moins 19 millions au pays. C'est
être fort raisonnable que de ne demander sur cette section
qu'une économie de 6 millions.

Ne touchons pas aux travaux de la marine, du génie
et de l'artillerie, qui viennent ajouter 30 millions aux services militaires, mais qui sont peut-être rendus nécessaires par l'invention des canons rayés et des vaisseaux
en fer.

Ne touchons pas aux 40 millions de chemins de fer
nouveaux que, sans le traité de commerce, nous aurions

pu construire plus lentement, mais dont l'exécution est aujourd'hui urgente.

Mais il serait facile de garder 30 millions sur les routes, ponts, canaux, rivières, déjà dotés de 40 millions au budget ordinaire. Beaucoup de ces entreprises peuvent attendre, et leur achèvement précipité, combiné avec celui des chemins de fer, augmenterait encore la pénurie des bras, devenus si rares pour l'agriculture.

Ainsi 10 millions sur les services civils,
   64 » sur l'armée,
    6 » sur les travaux de Paris,
   30 » sur les routes, ponts, etc.
Total 110 millions.

Voilà amplement de quoi remplacer les impôts nouveaux destinés à équilibrer le budget. D'un côté, le gouvernement imposerait au pays une charge annuelle dépassant la moitié de ces 45 centimes qui ont été si impopulaires en 1848, et qui n'ont produit que 190 millions. De l'autre, il entrerait dans cette voie d'économies sévères qu'il s'est lui-même tracée, et que lui indiquent à la fois et ses vrais amis et le vœu d'une grande partie de la population.

Pour ma part, le choix n'est pas douteux. J'estime qu'il faut réserver les taxes nouvelles et les sacrifices extraordinaires pour les jours difficiles dont la vie des peuples, comme celle des individus, est parfois traversée, et qu'en temps de paix et de prospérité, il faut à tout prix se restreindre dans les limites certes très-larges d'un budget de 2 milliards. Ce serait la solution à la fois la plus sage et la plus populaire, la plus prudente et la plus politique.

Recevez, Monsieur.....

II

TRAITÉ DE COMMERCE.

Paris, le 3 juin 1862.

Monsieur le rédacteur,

Je puis vous confirmer la bonne nouvelle annoncée
depuis quelques jours. En présence des observations qui
lui ont été présentées, le gouvernement renonce à la
nouvelle taxe sur le sel. On ne peut que l'en féliciter.
Toutefois, comme je vous l'écrivais récemment, ce ne
sera là un succès réel que si on l'obtient par de véritables et sérieuses économies, et non en reportant sur l'a-
venir des déficits qu'il nous faudrait solder tôt ou tard.
Cependant, s'il est important de faire assez d'économies pour ne pas ajouter aux charges des contribuables,
il est d'autres mesures qui agissent non plus sur les
revenus, mais directement sur les forces de production
du pays ; je veux parler des traités de commerce avec les
pays voisins, et surtout avec l'Angleterre. Comme ces
mesures sont récentes et qu'elles sont, après coup, l'objet
de vives discussions qui n'ont pas eu le temps de les
précéder, je crois utile d'examiner avec vous sans pré-
vention, sans exagération, quels en seront les effets, et

quels devoirs elles nous imposent. Car ce n'est pas du gouvernement seul, c'est de chacun de nous qu'il dépend aujourd'hui d'en atténuer les inconvénients.

Tout d'abord, qu'y a-t-il de vrai dans la théorie du libre échange qui prétend que l'on doit supprimer tous les droits d'entrée, et acheter les produits et les marchandises là où on les trouve au meilleur marché? Ce qu'il y a de vrai, c'est que si nous appliquions chez nous cette étrange théorie, nos cultivateurs les premiers devraient renoncer à produire du blé en France où la terre est chère, l'engrais cher, la main-d'œuvre chère, et se transporter en Amérique ou en Russie où, au lieu de revenir à 17 ou 20 francs, l'hectolitre n'en coûte que 8 ou 10. De même nos forgerons iraient tous s'établir en Angleterre, où l'on peut extraire du même puits d'inépuisables quantités de minerai et de charbon de terre. Et, comme le fer et le charbon donnent les machines et la force motrice à bon marché, tous nos ouvriers fileurs, tisseurs, imprimeurs suivraient nos forgerons. Et que resterait-il en France? Des vignerons pour produire du vin de Bordeaux et du vin de Champagne, des ouvriers en soie et des modistes pour tailler des robes, des gants, des chapeaux aux élégantes des cinq parties du monde. Sans nul doute, ces industries de luxe se développeraient. Mais n'oubliez pas qu'elles sont capricieuses, passant toujours après le boulanger et l'épicier, et ne faisant de bonnes affaires que quand il y a partout de l'argent de reste à dépenser.

Certes, aucun bon Français ne voudrait en venir là et si, par amour pour notre pays natal, nous refusons d'émigrer, si nous préférons cultiver une terre moins fertile, exploiter des mines moins riches, cela nous oblige, par une sorte d'assurance mutuelle, à payer un peu plus cher le travail de nos forgerons et de nos tisserands, à condition que de leur côté ils paieront aussi un peu plus cher le pain et la viande que nous aurons produits. C'est précisément là le résultat qu'on obtient en mettant sur les marchandises étrangères des droits d'entrée qui en élèvent le prix, et qui ne les laissent arriver qu'avec un désavantage marqué sur notre marché national. Du reste, ce n'est que justice : les Français payant chaque année un budget de deux milliards et un contingent de 100,000 hommes pour avoir le plaisir d'habiter leur patrie, c'est bien le moins qu'ils aient la préférence pour y vendre les fruits de leur travail, et que l'on fasse aussi payer quelque chose à l'étranger qui vient leur faire concurrence chez eux.

On me dira que c'est contrarier la nature et empêcher le bien-être qui résulterait pour le genre humain entier du bon marché de tous les produits. Pour moi, en finances comme en politique, ces annonces de félicité pour tout le genre humain me mettent en méfiance et me font penser aux charlatans qui prétendent guérir à la fois toutes les maladies. J'espère davantage de ceux qui commencent par chercher modestement le bonheur de leur propre pays. Mais, allons au fond des choses ; qui est-ce qui gagnerait au libre échange? Les ouvriers? Nullement ; car, avec le libre échange, la victoire appartient aux gros capitalistes qui sauront tirer le parti le plus habile et le plus économique de ces mêmes ouvriers. Le monde entier finira par être habillé par cette puissante industrie cotonnière de Manchester, qui a aggloméré autour d'elle et qui exploite un des plus tristes foyers du paupérisme moderne, et quant au coton lui-même, il est produit au meilleur marché possible par les planteurs de l'Amérique qui paient leurs nègres à coups de fouet. Le monopole des capitalistes anglais et des planteurs américains, voilà donc à quoi se réduit ce grand intérêt humanitaire auquel certains rêveurs seraient prêts à sacrifier l'intérêt français.

Cependant il ne faut pas non plus exagérer le système opposé à celui du libre échange, c'est-à-dire la protection du travail national, et il serait ridicule (cela saute aux yeux) de vouloir produire nous-mêmes dans des serres-chaudes le café et les épices que mûrit tout naturellement le soleil des contrées tropicales. Quelle est donc la limite précise où un pays cesse d'être intéressé à produire lui-même? Elle est facile à déterminer, et d'une manière si simple et si nette que nul ne saurait s'y tromper.

Un homme a une pièce de vingt sous dans sa poche ; il est libre d'en disposer, et il peut le faire de trois manières bien différentes. S'il la jette dans la rivière, elle sera perdue pour lui et pour tout le monde ; c'est un mauvais placement et une mauvaise action. S'il la donne à un pauvre ou s'il la dépense au cabaret, il n'aura pour lui que le plaisir d'avoir fait l'aumône ou consommé quelques petits verres ; mais le pauvre ou le cabaretier aura à son tour les vingt sous, et ils ne seront pas perdus pour la société. Enfin, si notre homme les emploie à payer une marchandise utile ou un travail productif, par exemple une journée sur ses prés, dans ses champs, sa propriété vaudra au moins vingt sous de plus, et en même temps un ouvrier aura gagné vingt sous, total quarante sous. Ainsi, dans le premier cas, l'argent disparaissait ; dans le second, il circulait; dans le dernier, il fructifie, il double, et la fortune publique augmente.

Toutefois, je suis libre de faire gagner cet argent et par suite de faire vivre un ouvrier dans mon village, dans la ville voisine, à Paris, ou même à l'étranger, et si c'est à l'étranger, si c'est une marchandise anglaise que j'achète, c'est un Anglais et non un Français que je fais vivre, et mon pays s'appauvrit d'autant. Il est vrai que si la marchandise anglaise est à meilleur marché, je gagnerai, moi, un sou ou deux sous, pendant que mes compatriotes en perdront vingt. Et mon pays cessera de s'appauvrir, et l'intérêt général cessera de souffrir, si j'arrive à gagner moi-même les vingt sous que je fais perdre, c'est-à-dire si ce que je paie vingt sous en vaut quarante en France. Car alors j'aurai doublé mon capital, et la fortune publique se sera augmentée comme si j'avais fait en France même une dépense productive. Ainsi, voilà la limite que nous cherchions ; tant que les produits nationaux ne s'élèvent pas à un prix double des produits étrangers, c'est un acte de patriotisme de leur donner la préférence, et, pour la leur assurer, un gouvernement fait bien de les garantir par des droits protecteurs suffisants.

Cependant il y a encore une autre raison qui peut décider une nation à accepter les produits de ses voisins et à leur sacrifier une partie de son industrie, c'est quand en échange elle est sûre de vendre à ces mêmes voisins assez de marchandises pour compenser cette perte. C'est ainsi que l'Angleterre ouvre ses ports aux matières premières qui alimentent ses manufactures, et qu'elle revend ensuite à tous les pays du monde. C'est ainsi qu'elle consent à recevoir les produits de n'importe quelle contrée, à condition d'y introduire ses fers et ses tissus qu'elle est sûre de fabriquer à meilleur compte que personne.

La France peut-elle espérer de l'Angleterre de pareils avantages ? Pour s'en rendre compte, il suffit d'examiner l'état de leur commerce avant et après le traité. Avant le traité, de 1855 à 1859, chaque année nous vendions en moyenne à l'Angleterre pour 466 millions de produits de notre industrie ou de notre agriculture, tissus de soie, de laine et de coton, céréales, vins, orfèvrerie, bijouterie, mercerie, etc., toutes choses dont les Anglais ont besoin et qu'ils sont bien aises de trouver chez nous. En échange, nous ne recevions d'eux que pour 350 millions de soie et bourre de soie, laine en masse, coton en laine, cuivre, mercure, étain, graines oléagineuses, indigo, etc., c'est-à-dire des matières premières qui alimentent notre travail national.

Ainsi les Anglais étaient tributaires de notre industrie pour une somme considérable; nous n'étions nullement tributaires de la leur. Non-seulement ce commerce était par sa nature tout entier à notre avantage, mais on le voit, il se soldait chaque année par une différence moyenne de 116 millions qui allait toujours croissant et qui nous était payée en or. C'était là le plus clair de nos importations de métaux précieux, et cet excédant nous a servi à payer au dehors nos expéditions de Crimée, d'Italie et de Chine, nos achats de blés dans les mauvaises années, et outre cela, à prêter à la Russie, à l'Autriche, à l'Espagne, à la Suisse, à l'Italie de quoi construire leurs chemins de fer. Paris était ainsi devenu le plus grand marché d'argent du monde entier.

Depuis le traité de commerce, au lieu de nous payer en or, les Anglais nous soldent en fers et en tissus qui maintenant entrent déjà chez nous pour environ 200 millions par an. Les trois premiers mois de 1862 donnent 25 millions pour les tissus, soit 100 millions par an. Les houilles, fontes, fers, acier et marchandises s'accroissent très-rapidement et atteindront sans doute le même chiffre.

Nos exportations de vins, de soieries, de modes, au lieu d'augmenter dans la même proportion ont plutôt diminué. Il en résulte que, sans compensation aucune, 200 millions sont enlevés à notre travail national. En laissant de côté 50 millions pour les matières premières achetées à l'étranger, cela fait pour nos fabricants et nos ouvriers, nos propriétaires de bois et de mines une perte annuelle de 150 millions. Et de plus, à côté des manufactures qui se ferment, beaucoup de celles qui subsistent sont malades et obligées de réduire les salaires des ouvriers qui travaillent encore.

Mais, me direz-vous, nous autres cultivateurs, nous aurons nos outils et nos habits à meilleur marché. — Prenez garde d'acheter bien cher un mince bénéfice. J'admets que vous gagniez dix pour cent, soit 20 millions sur les 200 millions de marchandises anglaises. En déduisant ces 20 millions des 150 que vous faites perdre au travail national, il reste une perte sèche de 130 millions. Ce sont 130 millions de moins qui circulent dans le pays ; c'est autant de moins qu'a l'ouvrier ou son patron pour acheter votre lait, votre beurre, vos œufs et votre bétail. Et d'un autre côté, vous-mêmes qui vous réjouissez du bon marché de vos tissus, vous vous plaindrez peut-être demain de l'avilissement des blés, de la concurrence des blés russes et américains, et l'ouvrier dont vous aurez réduit le travail et le salaire se vengera à son tour en réduisant ainsi le prix de vos sueurs.

Il est donc évident qu'entre tous les pays, la France spécialement doit rester maîtresse de son marché national au risque de payer ses propres marchandises un peu plus cher. Voilà pourquoi j'aurais voulu pour les blés du dehors un droit fixe de 2 ou 3 francs, faisant subir au cultivateur étranger une partie des sacrifices que nous supportons nous-mêmes. Ce droit n'aurait pas empêché la libre sortie dont nous jouissons maintenant, et qui nous permet de développer notre culture de céréales et de répondre aux besoins constants de l'Angleterre. Car autant les droits protecteurs étaient utiles, autant les droits à l'exportation étaient absurdes et nuisibles. Quant à notre industrie, je crains également que les droits protecteurs établis par le traité de commerce ne soient pas suffisants, et une expérience encore incomplète, mais déjà douloureuse, semble le prouver. Toutefois, et c'est ici que je veux en venir, le gouvernement ayant cru devoir nous soumettre à cette épreuve, et ne pouvant pas revenir sur ses engagements, c'est de chacun de nous qu'il dépend en ce moment de diminuer les souffrances de l'industrie et de l'aider à lutter contre la concurrence étrangère.

Au fond, il est reconnu que nos produits sont en général mieux fabriqués, plus solides, de meilleure qualité, et que le bon marché des produits anglais n'est le plus souvent qu'apparent. Mais, fût-il réel, sachons payer un peu plus cher ce qui se fait chez nous. Chacun, dans notre petite sphère, renonçons à acheter des marchandises anglaises et faisons vivre de préférence nos ouvriers français. Chaque pièce de cent sous donnée pour des tissus étrangers, ce sont deux ou trois journées de moins pour un père ou une mère de famille qui restent sans ouvrage à nos portes. Nous croyons y gagner un peu, mais notre pays y perd beaucoup, et bientôt nous serons punis nous-mêmes par le malaise général, de cette économie mal entendue. Ainsi, je le répète, que chacun soit le douanier de sa maison et le petit protecteur de notre travail national. Et surtout point de ces modes qui, en France, se propagent comme une fièvre, et qui pourraient nous faire croire du jour au lendemain qu'on ne sera bien mis qu'avec des étoffes anglaises.

Ce que nous pouvons faire pour notre consommation privée, certains manufacturiers pourraient et devraient le faire sur une plus grande échelle pour leur industrie. Il est fâcheux de voir qu'il y a eu parmi eux une sorte de sauve qui peut, et que plusieurs n'ont cherché qu'à élargir encore les entrées au risque de sacrifier leurs voisins. Qu'est-il résulté des importations en franchise de marchandises étrangères à charge de réexportation? Pour les maîtres de forges, la concurrence de fers anglais affranchis de tous droits, mal compensée par le bénéfice des constructeurs. Pour nos fileurs et nos tisseurs, une perte annuelle qui s'élève déjà à quatre ou cinq millions, et qui pourra monter à dix; au lieu d'en profiter, nos imprimeurs, dont les tissus sont moins bons, ont vu diminuer la clientèle que leur assurait, bien avant le traité de commerce, la qualité exceptionnelle de nos produits jointe à l'élégance de nos dessins.

Eh bien, au lieu de courir au meilleur marché, qui est souvent trompeur, que particuliers et industriels s'imposent au besoin quelques sacrifices pour soutenir le travail national. Dans les conditions où se trouve la France, il est indispensable que les consommateurs, qui sont tous producteurs, consentent, je le répète, par une sorte d'assurance mutuelle, à se garantir les uns aux autres la vente de leurs produits. Car la ruine d'une seule de nos grandes industries serait un malheur public, une destruction de capitaux dont le pays entier souffrirait, et qui équivaudrait à la perte d'un de nos plus riches départements.

Sans nul doute, si demain s'ouvrait un emprunt pour faire la guerre à l'Angleterre, en un instant la liste se couvrirait de signatures. Or, au lieu d'avoir pour nos voisins une haine aveugle, imitons les qualités qui font précisément leur puissance et la cause secrète de notre jalousie. Apprenons à comprendre nos intérêts, à les discuter avec calme et impartialité, mais avec d'autant plus de force. Apprenons à nous unir, à nous entendre pour faire nous-mêmes nos affaires. Agriculteurs, cessons de nous croire ennemis de l'industrie; industriels, renonçons

à tout privilége aux dépens de l'agriculteur. Notre travail a besoin de la même protection ; notre prospérité est
solidaire et tient aux mêmes causes. Alors nous serons
capables de faire davantage par nous-mêmes ; nous ne
serons plus obligés de tout attendre, prospérité ou malaise, des décisions du gouvernement, et ces décisions,
il n'y aura plus de raison sérieuse pour les prendre sans
consulter ceux qu'elles intéressent. C'est là un nouveau
genre de patriotisme à développer, non plus sur les
champs de bataille, où nos soldats sont toujours braves,
mais dans notre vie de tous les jours, où nous oublions
trop souvent que ce n'est pas au gouvernement tout seul,
mais à chacun de nous de prendre en mains et de servir
les vrais intérêts de notre pays.

Recevez, etc.

III

NOUVEAUX IMPOTS.

Saint-Nicolas, le 4 avril 1863.

Monsieur le rédacteur,

Comme l'an dernier, je profite du répit que nous laisse le milieu de la session, pour jeter avec vos lecteurs un coup d'œil sur notre situation financière. C'est sur les finances que porte surtout la responsabilité du Corps législatif et le compte qu'il aura prochainement à rendre au pays. Car, n'ayant qu'un droit d'appréciation en quelque sorte rétrospective sur les grands actes de la politique extérieure, nous sommes les juges en dernier ressort des questions d'impôts et d'emprunts, en un mot, des charges qui pèsent sur le présent et sur l'avenir des contribuables.

Lorsque je suis arrivé à la Chambre, au commencement de 1859, avant la guerre d'Italie, la situation était relativement excellente. Pour la première fois, depuis 1848, le budget de l'année, qui venait de finir, s'était soldé en équilibre, et avait même laissé un excédant de recettes. En cinq ans, de 1853 à 1858, nos revenus s'étaient élevés de 1462 à 1871 millions. Sur cette plus-value de 409 millions, 75 millions balançaient le découvert de 1853, et formaient l'excédant de 1858; 214 millions avaient été consacrés au service financier, c'est-à-dire à la dette publique et à la perception des impôts, 115 millions à l'accroissement du service militaire, 5 millions seulement à celui des services civils. Ainsi on était parvenu à faire face aux emprunts de la guerre de Crimée et aux dépenses nouvelles de tous les ministères. Mais ce n'était pas sans effort, et il était temps d'employer les futurs accroissements de recettes, soit à amortir notre dette, comme l'Angleterre le faisait à cette époque, soit à exécuter des travaux productifs, soit enfin à supprimer les impôts nouveaux et transitoires établis pendant ces six années.

En effet, on avait successivement eu recours aux ressources suivantes :

1854. Droit sur les lettres non-affranchies.   5,000,000

1855. Enregistrement, taxe sur les quittances 7,000,000

    Surtaxe sur les alcools 14,200,000

    Taxes sur les chemins de fer. . . 11,500,000

1856. Droit progressif sur les sucres. . . 8,000,000

1857. Taxe sur les valeurs mobilières et sur les compagnies étrangères. . 6,200,000

    Double décime maintenu depuis la guerre de Crimée. 38,700,000

              Total. 90,600,000

Si l'on en retranche une réduction de quelques cent mille francs sur les timbres de commerce, restent 90 millions d'impôts nouveaux. Les principaux avaient été établis à titre provisoire, et en parlant du double

décime maintenu sur les douanes et sur les contributions indirectes, la commission du budget de 1859 avait
grand soin de dire que c'était là une ressource temporaire, essentiellement exceptionnelle, et ne pouvant être
continuée indéfiniment. Comme conclusion pratique,
elle déclarait que c'était un devoir impérieux, sous peine
d'escompter l'avenir, de réduire les dépenses ordinaires.

Qu'est devenue la réalisation de ce vœu patriotique?
Que sont devenues nos finances pendant cette seconde
législature? Jusqu'à quel point le Corps législatif, repré-
senté lui-même par les commissions du budget, a-t-il
obtenu la réduction des dépenses ordinaires? Dans quelle
mesure les crédits imprévus ont-ils dépassé chaque
année le chiffre même du budget? Voilà ce qu'il est intéressant d'examiner.

Les divers budgets présentent les résultats suivants:

Années.	Augmenta-tion.	Réductions obtenues par la Commission du budget.	Crédits imprévus, Annulations déduites.
1859	50 millions.	600,000	442,000,000
1860	62 —	3,000,000	342,000,000
1861	20 —	4,000,000	310,000,000
1862	129 —	700,000	300,800,000
1863	114 —	18,000,000	inconnu.
Totaux.	375 millions.	26 millions.	1,394 millions.

En retranchant les 26 millions de réductions obtenues
par les commissions du budget, il reste un total de
349 millions qui constitue l'augmentation du budget de
2 milliards 65 millions voté pour 1863 sur le budget de
1 milliard 716 millions voté pour 1858.

L'augmentation véritable, c'est-à-dire celle des budgets réglés est encore plus forte. Car, en 1858 les dépen-

ses imprévues ne montaient qu'à 132 millions, et, par un singulier rapprochement de nombres que l'on ne reverra sans doute plus, le total des dépenses se réglait par le chiffre du millésime de l'année, c'est-à-dire par 1858 millions.

Or, l'exercice 1859 s'est monté à 2 milliards 208 millions.
>>   1860   >>   2   >>   167   >>
>>   1861   >>   2   >>   150   >>
>>   1862   >>   2   >>   200   >>
>>   1863 n'a pas encore dit son dernier mot.

Comme auparavant, ce sont les services militaires, la guerre et la marine qui ont absorbé ces excédants considérables. Le budget des travaux publics, en y comprenant les travaux extraordinaires, n'a pas atteint en moyenne le chiffre de 1853, celui de 150 millions. Les dépenses nouvelles des autres services civils ont été peu de chose.

Pour mettre ce fait en évidence, il suffit, en remontant à 1853, d'additionner, d'un côté les emprunts et autres ressources extraordinaires se montant à 2 milliards 600 millions, de l'autre les accroissements des recettes ordinaires se montant à 3 milliards 464 millions et de chercher ensuite quel a été l'emploi de ce total de plus de six milliards. — 649 millions ont balancé pour ces onze années le découvert de 1853 ; 2 milliards environ ont été affectés au service financier, et les 3 milliards 400 millions, formant la portion réellement disponible de ces ressources, correspondent exactement aux excédants de dépenses de la guerre et de la marine sur le chiffre primitif de 410 millions par an.

Revenons aux budgets de 1859 à 1863, et voyons

comment l'on a successivement fait face aux 349 millions
de dépenses votées au-delà de celles de 1858 et aux
1394 millions de crédits imprévus. Grâce à une prospérité presque ininterrompue, les revenus ordinaires ont
continué à s'accroître d'environ 40 millions par an, soit
200 millions en cinq ans. Cette ressource progressive
n'a pas suffi, et aux impôts nouveaux dont j'ai donné
plus haut le relevé, sont venus successivement s'ajouter :

En 1860 la surtaxe des tabacs. . .	33 millions
» 1861 la nouvelle surtaxe de l'alcool	24 »
» 1863 le double décime sur l'enre- gistrement	27 »
» » la taxe sur le sucre. . .	30 »
» » les taxes sur le timbre, che- vaux, voitures . . .	19 »
» » les droits sur les marchandi- ses anglaises ou belges autrefois prohibées. . .	12 »
Total.	145 millions

D'où il faut déduire environ 75 millions pour dégrè-
vements provenant des réformes économiques. Restent
70 millions, faisant avec les 90 millions d'impôts votés
de 1853 à 1858 une somme de 160 millions de charges
nouvelles pour le pays.

Ainsi que les premiers, ces impôts ont été présentés
comme transitoires, et certes il n'y a personne qui ne désire leur suppression prochaine. Mais avant d'y songer
pour les premiers, il faudra que les seconds ne soient
plus nécessaires, et avant d'en parler pour les seconds,
il faudra qu'avec leur ensemble on ait réellement et soli-
dement établi l'équilibre du budget.

Depuis 1858, on n'a plus jamais obtenu ce résultat. Car il faut bien distinguer entre l'équilibre et l'alignement d'un budget. L'équilibre consiste à se suffire à soi-même, tandis que l'alignement, chose toujours facile, consiste à indiquer par quelles ressources étrangères à l'exercice, on a comblé le déficit. Or, tous les ans, mal-gré l'accroissement des recettes, malgré les taxes nou-velles, il a fallu faire appel à ces ressources extraordi-naires.

Outre l'excédant que lui léguait 1858, 1859 a absorbé la plus grande partie de l'emprunt d'Italie ; total du défi-cit, 393 millions.

1860 s'est aligné par 119 millions de ressources extra-ordinaires et 104 millions de découverts ; total du défi-cit, 223 millions.

1861 a absorbé en totalité le bénéfice de la conversion : 158 millions.

1862 a absorbé l'expédient du trimestre de la rente 35 millions, l'indemnité de Chine et le remboursement de l'Espagne 35 millions, les reliquats d'emprunts et la dotation de l'armée 44 millions, de plus un découvert de 35 millions ; total du déficit, 149 millions.

Enfin 1863, qui compte déjà 70 millions de ressources extraordinaires, ne trouvera certainement pas dans la plus-value de ses recettes de quoi faire face à l'imprévu du Mexique.

Avec de tels budgets, il ne peut donc être question de sitôt de la suppression des impôts, et, si au lieu d'aug-menter tous les ans, nos revenus restaient seulement stationnaires, nous serions en face de véritables difficul-tés. Car cet accroissement éventuel et aléatoire des recettes est la seule ressource que nos budgets réservent pour l'imprévu, c'est-à-dire pour la chose du monde la plus facile à prévoir, pour celle qui ne fait jamais défaut.

En effet, voici comment les choses se passent : on calcule les recettes de l'année qui va venir sur celles de l'année qui précède; on évalue le revenu probable de 1864 d'après le revenu effectif de 1862, de sorte que l'on a comme réserve la plus-value de deux années, 1863 et 1864, plus-value qui a été jusqu'à présent d'environ 70 millions. En y ajoutant trente et quelques millions de crédits habituellement annulés, on arrive à une somme d'une centaine de millions, sur laquelle on ne peut pas compter à l'avance d'une manière certaine, et qui, du reste, est loin de suffire aux accidents inséparables d'un grand budget et d'une grande politique. C'est grâce à cette réserve variable que les déficits dont j'ai parlé sont toujours demeurés inférieurs au chiffre des crédits extra-budgétaires. Mais jamais elle n'a suffi à les couvrir entièrement. Car, depuis 1858, le bilan de l'imprévu a toujours dépassé 300 millions, et dans un *communiqué* récemment adressé à deux journaux, le gouvernement indique, comme il était facile de le prévoir, que le nouveau régime financier a pour but non pas de faire disparaître ces dépenses, mais d'y associer le Corps législatif d'une façon plus intime et plus prompte.

Ainsi avec 160 millions d'impôts nouveaux, avec 70 millions de ressources extraordinaires, nous n'avons en 1863, en dehors d'un budget voté de **2 milliards 65 millions**, qu'une réserve éventuelle et insuffisante d'une centaine de millions, et cela en présence du développement que prend l'expédition du Mexique et du renouvellement des hostilités en Cochinchine.

Il est évident que pendant plusieurs années il ne pourra être question ni de l'amortissement de la dette, ni de la suppression des impôts transitoires. Et quant à l'équilibre lui-même, on ne l'atteindra que si les dépenses cessent de marcher plus vite que les recettes. Il faut que d'un côté on renonce d'une façon définitive aux accroissements annuels du budget, que de l'autre la prospérité du pays suive sans interruption son développement progressif. Il faut que, comme on l'a dit au Sénat, les dépenses du Mexique ne soient en réalité que des avances productives, que l'Amérique se pacifie, que la Chine et la Cochinchine respectent les traités, que l'empire ottoman s'engage à ne pas mourir, que la révolution italienne vive en bonne voisine avec l'Autriche, enfin qu'on n'en vienne pas en Pologne à un excès de tyrannie et d'iniquité qui force la France d'aller y mettre un terme.

Tout bon citoyen désire que ces conditions se réalisent; mais ce n'est pas sur de pareilles hypothèses qu'il peut asseoir l'avenir financier de son pays. De là les réclamations des commissaires du budget, demandant chaque année la réduction de dépenses qui ne cessent de s'accroître. De là la nécessité que je vous ai exposée moi-même de renoncer aux travaux improductifs, aux dépenses de luxe, à la série continue des armements et des expéditions lointaines. De là, au point de vue purement financier, en dehors de toute considération de politique extérieure, et avec la volonté bien arrêtée de ne point faire d'opposition systématique, la résolution que j'ai dû prendre, l'an dernier, de voter contre un budget qui ne consacrait que des dépenses nouvelles, et qui nous éloignait ainsi de plus en plus de l'équilibre qu'il faut atteindre à tout prix.

Je livre ces chiffres aux réflexions de vos lecteurs qui vont avoir bientôt à user de leurs droits politiques. Le gouvernement a voulu associer les députés d'une façon plus intime à toutes ses résolutions et en partager en quelque sorte la responsabilité avec eux. Mais c'est du pays qu'il dépend de donner à cette sage pensée un effet pratique. Si le pays est satisfait de sa situation financière, rien de plus simple que de choisir des représentants qui l'approuvent sans réserve ; au contraire, si le pays en est préoccupé, s'il désire des économies sérieuses, c'est à lui de donner au gouvernement un point d'appui solide pour résister à l'entraînement de dépenses utiles ou glorieuses, mais hors de proportion avec l'état présent de nos revenus.

Dans une prochaine lettre je vous entretiendrai du budget spécial de l'armée et du budget si intéressant des travaux publics.

Recevez, etc.

IV

LES CHEMINS DE FER.

Saint-Nicolas, le 8 mai 1863.

Monsieur le rédacteur,

Malgré l'approche des élections, je tiens à remplir l'engagement que j'ai pris d'examiner avec vous le budget des travaux publics et celui des services de la guerre. Cette étude est indispensable pour juger à fond notre situation financière et l'emploi qui a été fait des richesses du pays. En effet, si l'argent des contribuables a été employé en travaux productifs, en canaux, en chemins de fer, c'est plutôt là un placement avantageux qu'une dépense véritable, et nous recueillerons bientôt les fruits des sacrifices que nous faisons en ce moment. Si, au contraire, nos ressources ont été absorbées par des armements et des expéditions lointaines, notre gloire militaire aura seule profité des accroissements de nos budgets et de notre dette, et les générations à venir auront encore à supporter les charges de ces dépenses improductives.

Rien de plus certain que l'impulsion donnée depuis dix ou douze ans aux grands travaux publics. Mais de quelle façon ont-ils été répartis? Puis dans quelle mesure l'État y a-t-il contribué? Que leur a-t-il consacré sur des budgets effectifs de 2 milliards 200 millions et sur 2 milliards 600 millions d'emprunts et de ressources extraordinaires? Voici ce qu'il s'agit de savoir.

Quant à la répartition, je ne ferai que vous rappeler mon observation de l'an dernier, c'est qu'en 1863 seulement les travaux exécutés dans Paris aux frais de l'État, c'est-à-dire aux frais de tous les contribuables, coûteront 19 millions. Pour 1864, le chiffre est le même, sauf une augmentation d'un million afin de hâter l'achèvement du Grand-Opéra. C'est beaucoup pour une ville qui exerce déjà une telle attraction sur les bras et sur les capitaux. Voyons la part faite aux départements : en admettant que Paris soit la vingtième partie de la France, il faudrait, en bonne justice, leur consacrer vingt fois plus d'argent, c'est-à-dire 380 millions par an.

Ce qui frappe tout d'abord, c'est le brillant essor des chemins de fer. L'étendue des voies exploitées ou près de l'être s'élève à 20,000 kilomètres, leur valeur de 5 à 6 milliards, leur revenu net de 250 à 300 millions. S'ils appartenaient à l'État, si l'État pouvait à son gré appliquer ces recettes à ses propres dépenses, ou abaisser les tarifs qui grèvent marchandises et voyageurs, il y aurait là une magnifique compensation à tous nos sacrifices. Mais les bénéfices se partagent en raison des déboursés. Qui est-ce qui a fait les chemins de fer? Pour quelle somme l'État y a-t-il contribué? Ce chiffre approche-t-il des 380 millions par an que je considère comme la dette à payer aux départements?

Avant 1852 sur des travaux extraordinaires qui se montèrent à plus d'un milliard en dix ans, 552 millions avaient été consacrés aux chemins de fer. Le Trésor ayant recouvré 50 millions sur ses avances, restaient environ 500 millions, soit une dépense moyenne de

50 millions par an. Ces ressources étant insuffisantes, on s'était adressé à des compagnies d'actionnaires, et on leur avait concédé pour quarante ans environ l'exploitation des chemins et la jouissance pleine et entière des bénéfices, à condition qu'elles achèveraient les travaux et qu'elles rembourseraient successivement une portion des avances de l'État.

A partir de 1852, le gouvernement sentit la nécessité de hâter et de multiplier les travaux; mais en même temps il eut moins d'argent à y employer. Faire beaucoup de travaux avec peu d'argent, la chose était difficile. Ce fut au crédit des Compagnies qu'on eut de plus en plus recours, et nous allons voir tout à l'heure les sacrifices successifs qu'elles ont exigés et mis à la charge de notre avenir. Voici d'abord, année par année, les sommes remboursées au Trésor sur ses anciennes avances, d'un autre côté ses dépenses pour les nouveaux travaux et enfin ses dépenses pour travaux extraordinaires en dehors des chemins de fer.

	Avances remboursées au Trésor.	Dépenses de l'État pour chemins de fer.	Autres travaux extraordinaires.
1852	59 millions.	45 millions.	5 millions.
1853	55 —	59 —	19 —
1854	54 —	79 —	20 —
1855	35 —	55 —	28 —
1856	6 —	20 —	33 —
1857	1 —	33 —	36 —
1858	4 —	6 —	25 —
1859	4 —	5 —	32 —
1860	1 —	16 —	46 —
1861	1 —	26 —	50 —
1862	1 —	17 —	39 —
1863	106 —	15 —	39 —
	327 millions.	376 millions.	372 millions.

Ainsi en 12 années le gouvernement n'a employé
que. . . . . 376 millions
aux chemins de fer, qui lui ont remboursé 327 millions
Reste une dépense effective de 49 millions
seulement, c'est-à-dire de 4 millions par an. En y ajoutant 31 millions par an pour les autres travaux, on arrive
au chiffre annuel de 35 millions, c'est-à-dire un peu plus
du tiers de ce qui y était consacré avant 1852 et à peine
le double de ce qu'absorbe Paris à lui seul.

Ne recevant que fort peu d'argent, les Compagnies, et
elles étaient dans leur droit, firent leurs conditions. La
première fut de prolonger à 99 ans leurs concessions, qui
en 1852 n'avaient plus qu'une durée moyenne d'une
trentaine d'années. Cette prolongation eut lieu en vertu
du pouvoir dictatorial que le président de la république
exerçait après le coup d'État. Ce fut un des actes les plus
graves et pourtant les moins remarqués de ce temps-là.
Les actionnaires qui étaient nombreux s'en réjoui-
rent ; le pays n'y prit pas garde.

Il faut pourtant se rendre compte du sacrifice que lui
imposa cette mesure.

Vous avez un champ ou une somme d'argent. En concéder la jouissance pour 15 ans, c'est comme si vous
abandonniez la moitié de votre propriété. Car en accumulant les intérêts, la moitié que vous conservez doublera en 15 années, et reproduira exactement le capital
dans lequel vous devez rentrer. Concéder pour 30 ans,
c'est abandonner les trois quarts de votre propriété ; car
le quart, qui vous reste, doublerait dans les 15 premières
années, quadruplerait dans les 15 suivantes, et repro-
duirait de même votre capital. Concéder pour 45 ans,
c'est abandonner les sept huitièmes ; concéder pour 60,
75, 90 ans, c'est abandonner les 15/16, les 31/32, les
63/64 de la propriété. Enfin la concession de 99 ans ne

réserve environ qu'un centième du capital, et équivaut à très-peu de chose près à une aliénation complète, puisqu'une seule année de revenu représente cinq ou six fois ce qui reste aux mains de celui qui a fait la concession. Prolonger de 30 à 99 ans la jouissance des compagnies de chemins de fer, c'était donc, en échange de leurs nouveaux travaux, leur livrer presque en totalité le quart des anciennes lignes formant à ce moment-là la propriété de l'État; c'était augmenter de 69 ans le temps pendant lequel on ne pourrait ni baisser les tarifs, ni jouir soi-même des bénéfices.

Mais ce n'était là qu'un premier pas. Non-seulement les actionnaires sont devenus en réalité propriétaires des chemins de fer; mais depuis 1859 cette propriété, ou plutôt ses revenus leur sont garantis par le Trésor. Aujourd'hui une garantie d'intérêt de 4 fr. 65 c. pour 100 s'applique à tout le réseau, c'est-à-dire à un capital de 4 milliards. A la rigueur elle pourrait donc s'élever à 186 millions par an. Ceux qui l'estiment au plus bas, supposent que dans les meilleures années elle ne dépassera pas 25 millions; mais rien n'est plus douteux, car voilà la Compagnie de l'Est qui, à elle seule, réclame et obtient 8 millions de plus par an. D'un autre côté, au rebours du père de famille qui s'assure contre la grêle et l'incendie en payant une somme fixe, cette garantie a l'inconvénient d'augmenter à mesure que les temps seront plus difficiles. Qu'une crise survienne, l'État aura à solder 40, 60, ou 100 millions par an, en proportion même de la gravité des circonstances. Lorsque cette loi de 1859 a été votée, on a eu l'idée de remettre à 1865 le paiement de la garantie, combinaison ingénieuse qui permettait de dormir tranquille pendant six ans. Mais le temps a marché, et les compagnies, qui n'ont pas dormi, nous présentent en ce moment la note des intérêts qu'elles ont capitalisés. Nous payons plus tard, mais en revanche nous payons plus cher.

A cette garantie éventuelle et dangereuse par son incertitude s'ajoutent enfin, depuis trois ans, les subventions du troisième réseau, subventions s'élevant aujourd'hui à 400 millions. En vertu du même système, l'État, qui devait d'abord payer en 12 ans, puis en 30 ans, se réserve aujourd'hui la facilité de le faire en 90 ans. Il est fâcheux de rejeter dans un avenir aussi lointain les charges du présent ; car plus on les éloigne, plus elles grossissent. Ni gouvernement, ni particulier ne devraient oublier cette grande loi, cette grande puissance de l'économie qui fait qu'un franc mis de côté avec ses intérêts vaudra 64 francs dans 90 ans, et qu'au contraire celui qui remet l'acquittement d'une dette à 30, 60 ou 90 ans, devra rembourser alors 4 fois, 16 fois, 64 fois le montant de sa dette actuelle.

Il y aurait encore bien des choses à dire sur le pouvoir exorbitant qui est ainsi accordé aux compagnies des chemins de fer. Mises à l'abri de tout accident et de toute concurrence, elles disposent des hommes et des choses presque en souveraines. En voici deux exemples qui intéressent notre département. Chacun se rappelle le zèle des industriels qui s'offraient à construire le chemin de Belfort à Guebwiller, et la bonne volonté du Corps législatif qui, pour assurer immédiatement du travail à nos ouvriers, vota ce chemin à l'unanimité et cela presque d'urgence dans la dernière séance de 1862. Eh bien, nos industriels n'ont pas été de force à lutter contre la Compagnie de l'Est qui les menaçait de sa concurrence, et qui a obtenu la concession avec un délai de huit ans. D'ici là espérons que le coton sera revenu depuis longtemps.

Autre fait regrettable : un chemin est voté de Thann

à Wesserling. Une compagnie locale eût ménagé les intérêts qu'il s'agissait de desservir. La Compagnie de l'Est n'écoute ni plaintes, ni réclamations, et par son tracé elle coupe en deux l'entrée et le faubourg le plus important de la ville de Thann. Mais laissons ces détails qui ont leur signification, et revenons à l'ensemble de nos finances.

Ce ne sont pas les travaux publics qui ont grevé nos budgets, augmenté notre dette, amené de nouveaux impôts ; car on y consacre moins d'argent qu'avant 1852. Bien loin de devenir un revenu pour le Trésor, les chemins de fer, appartenant entièrement aux Compagnies, seront à partir de 1865 une nouvelle charge pour les contribuables. Où donc ont passé nos emprunts, nos impôts nouveaux, le double décime, la surtaxe du tabac, la surtaxe de l'alcool ? où passent en ce moment les excédants de recettes de 1863 ? Dans les services militaires, dans les guerres et les expéditions lointaines, dont les dépenses, comme je vous le disais dernièrement, auront absorbé en 11 ans 3 milliards 400 millions de plus que les dépenses ordinaires et normales du ministère de la guerre et de la marine. Que l'on évalue le soulagement qui résulterait pour les contribuables de l'emploi d'une partie de ces 3 milliards 400 millions en travaux productifs. Que l'on se demande s'il n'y aurait pas un usage plus utile à faire des millions qui en ce moment se prodiguent encore au Mexique. Car enfin, si la grande guerre avec 200,000 hommes nous a coûté 100 millions par mois, la petite guerre avec 40,000 hommes, à la distance où est le Mexique, ne saurait nous coûter moins de 20 millions par mois. Retrouverons-nous jamais cela dans les mines de la Sonora ? Et n'avons-nous pas chez nous, dans nos chemins de fer à construire, dans notre agriculture à développer, des mines plus sûres et plus intéressantes à exploiter? N'est-il pas temps de s'arrêter dans cette voie où des recettes de 2 milliards 200 millions deviennent insuffisantes, et où l'impôt du sel a déjà été sur le point d'être rétabli?

Voilà les questions que tous les gens sensés, et qu'entre tous les députés, gardiens des intérêts des contribuables, doivent se poser. Alors qu'ils s'en préoccupent, et qu'ils cherchent à contenir les dépenses dans de justes bornes, alors qu'ils refusent de voter de nouveaux impôts et un budget toujours croissant, que penser d'une administration qui les dénoncerait comme des ennemis du pays? A quoi bon ces exagérations qui rappellent le temps où l'on signalait comme sorciers, comme empoisonneurs des fontaines les hommes dont on voulait se défaire? Si les finances sont en bon état, ce ne sont pas les critiques qui les mettront en péril; si au contraire elles réclament des réformes urgentes, ce n'est pas le silence qui remplira les coffres de l'État. En tout cas, quelques avertissements ne sont pas de trop pour empêcher le gouvernement de s'endormir. Les étouffer avec tant d'empressement, ne serait-ce pas imiter celui qui, pour défendre contre une mouche le sommeil de son ami,

> « Vous empoigne un pavé, le lance avec raideur,
> Casse la tête à l'homme en écrasant la mouche. »

Mais l'espace me manque. Un autre jour nous parlerons de la politique intérieure.

Recevez, Monsieur.....

V

PLAN FINANCIER DE M. FOULD.— MEXIQUE.— EMPRUNT

Paris, le 10 décembre 1863.

Depuis quelque temps, les journaux et la Bourse attendaient avec une impatience croissante l'exposé financier, qui vient de paraître au *Moniteur*. Une pareille émotion se comprend quand il s'agit d'un manifeste politique, qui peut d'un instant à l'autre ouvrir des perspectives nouvelles de paix ou de guerre; mais elle est bien naïve, bien hors de saison, quand il s'agit d'un rapport d'affaires, qui se borne forcément à constater des faits accomplis, à grouper plus ou moins artistement des chiffres certains et à résumer en quelques lignes ce qui est écrit en toutes lettres dans les comptes trimestriels du *Moniteur*, au Bulletin des lois et dans les crédits en ce moment soumis au Corps législatif. Puisque le rapport est enfin publié, je viens examiner avec vous la situation financière qu'il établit avec une lucidité remarquable, mais qu'il n'était, je le répète, en son pouvoir de rendre ni meilleure ni plus mauvaise qu'elle n'est depuis plusieurs mois.

De 1859 à 1862 nos dépenses annuelles ont varié de 2 milliards 150 millions à 2 milliards 200 millions. Nos déficits effectifs, c'est-à-dire les ressources extraordinaires employées à équilibrer ces budgets, n'ont jamais été au-dessous de 150 millions par an. Grâce à l'accroissement continu des recettes, grâce à 80 millions d'impôts nouveaux, inventés en 1862, grâce enfin à une promesse d'économie sérieuse dans les dépenses supplémentaires en cours d'exercice, on nous avait fait espérer que 1863 s'équilibrerait avec 70 millions seulement de ressources extraordinaires. Le budget voté s'élevait à 2 milliards 65 millions, c'est-à-dire à 224 millions de plus que le budget voté de 1861. On avait ainsi largement fait la part de l'imprévu, et l'on pouvait supposer qu'avec 80 millions d'excédant de recettes et 20 ou 30 millions de crédits annulés, on arriverait aisément à faire face à l'expédition du Mexique et à solder l'exercice aux environs de 2 milliards 100 millions. Tel était du moins le tableau rassurant que l'on nous faisait à la fin d'avril dernier, à la veille des élections, nous annonçant une plus-value certaine dans les recettes et une dépense au Mexique jusqu'alors contenue dans les limites de ces ressources.

Je n'ai jamais partagé cette sécurité. Mais, comme il est toujours pénible de se donner pour un prophète de malheur et qu'à cette époque de simples prévisions, non encore justifiées, auraient eu tout l'air d'une manœuvre électorale, j'ai préféré attendre la confirmation que les faits ne pouvaient manquer de m'apporter. Que sont devenues les dépenses ? Que sont devenues les recettes ?

Aux 132 millions de crédits supplémentaires que le Corps législatif votait en avril s'en ajoutent aujourd'hui 94 ; total 226 millions. En supposant que ce soit là le dernier mot de l'exercice 1863, qu'aucun accident nouveau ou qu'aucun chiffre oublié ne vienne s'y ajouter, et en retranchant 20 millions d'annulations, le budget voté à 2 milliards 65 millions se solderait donc à 2 milliards

271 millions. Il dépasserait de 63 millions celui de 1859 qui a payé la guerre d'Italie, et il ne serait inférieur qu'à celui de 1855 que la guerre de Crimée a porté à 2 milliards 375 millions.

Si l'on ajoute à ces 226 millions de supplément les 224 millions d'augmentation que la prévoyance du gouvernement a fait entrer au budget depuis 1861 dans la pensée de parer d'avance à l'imprévu, on arrive au chiffre considérable de 450 millions dont les dépenses de 1863 auront surpassé les évaluations budgétaires de 1861. Sans doute le Corps législatif aura eu la satisfaction d'en discuter et d'en voter la moitié avant qu'elles ne soient effectuées, et d'en examiner la seconde moitié en cours même d'exercice. Mais si importante que soit pour lui cette nouvelle prérogative, le résultat, comme il fallait s'y attendre, ne se traduit pas par une diminution de dépenses.

Toutefois, pour être juste, il faut dire que sur 226 millions de supplément, 168 s'appliquent aux services militaires, dont 146 spécialement affectés, sous le nom de dépenses extraordinaires, aux expéditions du Mexique et de la Cochinchine. Le Mexique, à lui seul, a absorbé environ 130 millions. Non-seulement les crédits demandés pour cet objet à la fin d'avril étaient insuffisants; mais les traites arrivées depuis ont dû prouver qu'ils étaient à peu près épuisés alors qu'ils étaient votés. En effet, si la guerre en Europe coûte 100 millions par mois pour 200,000 hommes, il est difficile d'admettre que la guerre au Mexique coûte moins de 20 millions par mois pour 40,000 hommes, soit 80 millions pour quatre mois. Si donc nous en restons pour l'année entière au chiffre très-modéré de 130 millions, c'est qu'heureusement la guerre est terminée depuis plusieurs mois, c'est qu'au siége laborieux et à la prise de Puebla ont succédé l'entrée triomphante à Mexico et l'enthousiasme du peuple mexicain acclamant l'archiduc Maximilien ; c'est que, suivant le vœu du gouvernement et de la Chambre, nous touchons sans doute au moment où les sacrifices que cette guerre nous aura imposés ne seront plus qu'une avance dont la France sera intégralement remboursée.

Quoi qu'il en soit, il est certain que le budget de 1863 se soldera entre 2 milliards 270 millions et 2 milliards 300 millions. Comment fera-t-on face à cet excédant inattendu? Quelle sera la part fournie par la plus-value des recettes? Quel sera le déficit effectif, c'est-à-dire la part fournie par les ressources extraordinaires ou par la dette flottante?

On sait que les évaluations budgétaires se règlent d'ordinaire sur l'année qui précède la présentation du budget. Ainsi le budget de 1863, présenté le 1er janvier 1862, se réglait sur les recettes effectuées en 1861, auxquelles ou ajoutait 80 millions comme produit des impôts nouveaux. Les revenus indirects, les seuls qui se modifient sérieusement d'une année à l'autre, avaient rapporté 1100 millions en 1861 ; on les estimait à 1180 millions pour 1863. Cette évaluation laissait, comme réserve éventuelle, l'accroissement normal et régulier de ces revenus pendant une période de deux années du 1er janvier 1861 au 1er janvier 1863.

Au mois d'avril, on estimait cette réserve à 78 millions. Ce chiffre cadrait parfaitement avec celui des crédits qu'il s'agissait d'ouvrir. Malheureusement il reposait sur un argument sérieux en apparence, mais au fond peu solide : c'est que les deux premiers mois de 1863 avaient rapporté chacun 6 1/2 millions de plus que les mois correspondants de 1861. En admettant le même excédant pour les dix autres mois, on arrivait à une plusvaluede 78 millions. Mais, en réfléchissant davantage et en examinant mois par mois les recettes de 1861, on aurait remarqué que les derniers mois ont présenté sur le commencement de l'année un accroissement tout à fait anormal, accroissement que l'on ne peut attribuer qu'à l'attente des impôts nouveaux annoncés pour 1862 et que l'on cherchait à désavouer à la fin de 1861. C'est ainsi que, chose inouïe dans nos annales financières, les neuf derniers mois de 1861 ont surpassé de 70 millions la moyenne des trois premiers mois, tandis que d'ordinaire cet accroissement atteint rarement 30 millions.

La première source du mécompte que signale M. Fould était donc de supposer qu'il y aurait toute l'année un écart de 6 1/2 millions entre les mois si inégaux de 1861 et ceux de 1863. Mais ce qui rend l'erreur plus grave, c'est que la plus-value, sur laquelle on a raisonné, est en grande partie artificielle, et qu'elle tient à une crise momentanée dans la fabrication et dans le commerce des sucres. Cette année des quantités de sucre énormes ont inondé le marché français, et acquitté l'ancien et le nouveau droit. De là pour les deux premiers mois servant de base aux évaluations, une augmentation apparente de 12 millions provenant des sucres seulement; de là pour les neuf premiers mois aujourd'hui connus une augmentation de 56 millions. Mais le Trésor est obligé de rendre d'une main ce qu'il reçoit de l'autre, et en face des 56 millions qu'il porte à son avoir, il porte en dépense environ 34 millions de plus pour drawbacks, c'est-à-dire pour rembourser à la sortie des sucres les droits qu'ils ont acquittés à leur entrée. Il faut donc diminuer d'autant la plus-value apparente des recettes qui était au 1ᵉʳ octobre de 58 millions et qui se trouve ainsi ramenée à 24 millions. Pour l'année entière, elle ne saurait dépas-

ser de beaucoup 30 millions, au lieu des 78 sur lesquels
on comptait.

Que résulte-t-il de ce mécompte qu'on aurait pu prévoir, et qui est clairement accusé par les crédits demandés pour drawbacks? Que résulte-t-il de l'augmentation
de nos dépenses au Mexique? C'est qu'aux 70 millions
de ressources extraordinaires déjà portés au budget, il
faut en ajouter 100, total 170, qui constituent le déficit
effectif de l'exercice.

Il peut se résumer dans le tableau suivant:

	Millions.		Millions.
Recettes probables 1863.	2,027	Dette publique.	678
Impôts nouveaux	80	Perception, remboursem.	301
Ressources extraordin . .	170	Service départemental. .	223
Annulations	20	Services militaires. . . .	718
	2,297	Services et travaux civils.	371
		Réserve	6
		Total.	2,297

Le premier résultat qui saute aux yeux, c'est que
même sans les 130 millions du Mexique, nous n'aurions
pas encore atteint un équilibre sérieux. Reste à voir de
quoi se composent les ressources extraordinaires et jusqu'à quel point il est permis de compter encore pour
l'avenir sur des ressources pareilles. 3 millions provien-
nent de ventes de domaines, 10 millions de l'indemnité
chinoise, qui devrait plutôt figurer en déduction des
anciens découverts, 50 millions sont émis en bons du
Trésor, en attendant l'emprunt; enfin ce qui est plus ingé-
nieux et ce qui mérite explication, les chemins de fer
fournissent à eux seuls près de 107 millions.

On se rappelle qu'on avait créé pour 130 millions
d'obligations trentenaires destinées à la construction des
chemins de fer. C'était un emprunt de l'État rembour-

sable en trente ans. Il a depuis été converti en rente 3 p. 100, c'est-à-dire en emprunt perpétuel. Lors de la présentation du budget on estimait à près de 55 millions les fonds provenant de la négociation de cet emprunt, et n'ayant pas encore reçu d'affectation spéciale. Il y avait de plus 32 millions affectés d'avance comme subvention aux compagnies de Lyon, d'Orléans et de l'Est. L'État s'applique aujourd'hui comme recette ces 87 millions destinés aux chemins de fer. C'est au fond un nouvel emprunt. Car, jusqu'à ce jour, l'État se payait à lui-même les intérêts des titres non encore négociés, et les intérêts qu'il paiera désormais aux porteurs de ces rentes ne le dispenseront pas de rendre sous une autre forme aux chemins de fer les fonds qui leur appartenaient.

Ce n'est pas tout : les compagnies devaient encore quelques reliquats d'avances jadis faites par le Trésor. C'étaient en tout 20 millions qui devaient rentrer en dix ou vingt ans. Comme, de son côté, l'État avait à leur payer de grosses subventions pour les nouvelles lignes concédées, il était naturel que la petite dette des compagnies fût compensée avec une portion de celle de l'État. Il n'en est rien : plus pressé de recevoir que de donner, le Trésor organise ses paiements en 92 annuités à partir de 1865 seulement, et en revanche il exige sur l'heure, en 1863, les 20 millions qui lui sont dus. Ajoutés aux 87 millions, cela fait 107 millions.

Voilà la combinaison, vraiment digne d'admiration, par laquelle, au lieu d'être une charge pour le budget, les chemins de fer deviennent tout à coup une ressource. Toutefois nous ne perdrons rien à attendre, et ce bienfait momentané viendra s'ajouter à tous ceux dont il faudra tenir compte aux Compagnies à partir de 1865. A cette date fatale, si commode pour les exercices précédents, si lourde pour ceux qui suivront, les chemins de fer qui nous donnent aujourd'hui 107 millions, nous en demanderont, dit M. Fould, au moins 50 par an. D'autant plus gros que l'année sera moins prospère, ce chiffre de subventions et de garantie viendra s'ajouter à l'écart qui existe maintenant entre nos recettes et nos dépenses, écart qui était en 1862 de 150 millions et qui est en 1863 de 170 millions.

Pour nous consoler de cette difficulté présente, M. Fould, à l'exemple de M. Magne, reporte nos regards vers l'avenir, et nous rappelle que les revenus nets des chemins de fer, qui feront un jour retour à l'État, équivalent presque aux intérêts de notre dette publique. Loin de moi de déprécier les chemins de fer qui valent aujourd'hui 5 ou 6 milliards, et qui forment une partie importante de la fortune nationale. Mais dans une précédente lettre, j'ai prouvé, chiffres en main, qu'un capital payable dans 90 ans n'a pour le créancier qui n'en jouit pas que $1/64^e$ de sa valeur.

Pour l'État dont il s'agit d'établir le bilan, les six milliards de chemins de fer valent donc à peine aujourd'hui 100 millions, tandis qu'il leur doit, de son côté, 475 millions de subvention et une garantie d'intérêts probablement équivalente. Ainsi ce n'est pas à l'actif, c'est au passif de l'État que les chemins de fer doivent en réalité figurer.

Revenant au présent et au moyen d'aligner nos budgets, qu'avons-nous en ce moment à attendre soit des accroissements de recettes, soit des impôts nouveaux, qui sont la ressource suprême d'un budget en déficit ? Quant aux impôts, le plus facile est de les inventer, et de découvrir des procédés inconnus pour amener l'argent de la bourse des contribuables dans les caisses du Trésor. Mais, comme la richesse du pays est limitée, il arrive pour les impôts comme pour les puits artésiens ce fait curieux, c'est que plus l'on multiplie les canaux qui viennent puiser dans une même nappe d'eau ou d'argent, moins chaque ouverture rend de liquide, et qu'à la fin, le débit des anciens puits perdant exactement ce que donnent les nouveaux, on n'a plus aucun intérêt à en ouvrir. Qu'on y prenne garde ! Quelque chose d'analogue se manifeste en ce moment dans la marche de nos revenus indirects. Il y a quelques années, ils augmentaient spontanément à chaque exercice de 25 ou de 30 millions. Aujourd'hui cette séve semble diminuer, sans doute parce qu'elle coule en même temps par d'autres orifices. La plus-value effective de 1863 sur 1861, déduction faite de la plus-value artificielle du sucre, se réduit jusqu'à présent à 24 millions. Quant à la plus-value de 1863 sur 1862, elle est négative pour le premier trimestre, négative pour le second trimestre, peu considérable pour le troisième, tout-à-fait insignifiante, de 3 millions environ, pour l'ensemble des neuf mois, et cela sans parler des recettes factices des sucres, dont la déduction laisserait voir une véritable décroissance. En effet, retranchez des 43 millions d'excédant qu'accuse le *Moniteur*, 40 millions d'impôts nouveaux et 17 millions de recettes factices sur le sucre, et vous verrez que 1863 est déjà de 14 millions au-dessous de 1862.

C'est pourtant sur 1862 que l'on a basé les évaluations du budget de 1864. Or comment espérer un réveil assez brusque des revenus indirects pour franchir tout d'un coup le chiffre au-dessous duquel nous nous traînons et pour retrouver les anciennes plus-values ? Ajoutez de nouveaux impôts, et cette stagnation sera sans remède. Vous reprendrez d'une main ce que vous perdrez de l'autre, et vous n'aurez pour bénéfice net que l'impopularité qui s'attache si facilement aux inventions fiscales.

On le voit, il ne faut pas compter pour 1864 sur une

surprise agréable, et comme ce budget n'a que peu ou point de réserve pour l'imprévu, il était prudent de lui allégerdès aujourd'hui, par un emprunt, la dette flottante à laquelle il aura sans doute recours, dette que les découverts de 1862 et de 1863 portent à 972 millions. Je réserve pour un autre jour la discussion de cette mesure qui se relie directement à l'état du crédit public en France et à l'étranger. Pour aujourd'hui, je me contente de constater que les intérêts de cet emprunt vont venir, au moins en partie, s'ajouter aux annuités à payer aux chemins de fer, et je me demande si, même avec la paix, nous atteindrons en 1865 ou 1866 l'équilibre de notre budget. Je me demande quand on pourra rétablir l'amortissement dont le chiffre devrait s'augmenter avec le capital de notre dette. Je me demande enfin quand on pourra songer au dégrèvement dont on nous parle tous les ans, et que les contribuables ne désirent certainement pas moins que M. le ministre des finances. Pour parvenir à ce but, en dehors des combinaisons qui s'épuisent et qui ne sont jamais gratuites, en dehors des impôts nouveaux qui arrêtent la plus-value des anciens, en dehors des emprunts qui accroissent le chapitre de notre dette, et qui diminuent d'autant pour l'avenir la portion disponible de nos revenus ordinaires, je ne vois qu'une ressource à laquelle il faut revenir tôt ou tard, c'est la réduction de toutes les dépenses qui ne sont pas indispensables, c'est l'économie, cette ressource par excellence, la seule réellement féconde et inépuisable pour les États comme pour les particuliers.

Le tableau de nos finances ne serait pas complet, si on laissait de côté la mesure qui couronne le rapport de M. Fould, c'est-à-dire le nouvel emprunt de 300 millions. Quelle sera, au juste, son influence sur la dette flottante qu'il a pour but d'alléger, sur la dette inscrite qui recevra ce nouveau fardeau, sur le budget qui en servira les intérêts, enfin sur le pays tout entier qui en fournira le capital, voilà les quatre aspects sous lesquels il faut successivement le considérer.

Et d'abord, qu'est-ce que cette dette flottante, dont l'accroissement, suivant M. le ministre des finances, porte le trouble dans les transactions générales du pays, et devient une cause de préoccupation et de ralentissement pour les affaires? Un tel reproche ne saurait s'adresser à la partie en quelque sorte réglementaire qui forme aujourd'hui les deux tiers de cette dette, et que le gouvernement a lui-même fixée par des décrets ou par des lois. En effet, en échange des priviléges qui leur sont concédés, les receveurs généraux, la Banque de France, le Crédit foncier et divers établissements publics sont tenus de mettre une certaine quantité de capitaux à la disposition du Trésor. Les communes, les caisses d'épargne, de dotation, de retraite, y déposent également leurs fonds libres. De là un total qui se montait à 110 millions en 1831, à 250 millions en 1849, à 630 millions au moins en 1863. A part ceux des caisses d'épargne, ces fonds n'étant pas exigibles, ils offrent à l'État une ressource commode, ne lui coûtant qu'un intérêt modéré, et dont l'accroissement constant est venu, chaque année, s'ajouter aux recettes du budget. C'est ainsi que, de 1849 à 1863, on a pu, sans emprunt apparent, dépenser 380 millions fournis par ces dépôts. Ce n'est pas tout. Sous le nom de bons du Trésor, le ministre des finances émet des titres payables à trois mois, six mois ou un an, titres dont l'intérêt se modifie avec la situation de la place, et qui forment à eux seuls la portion variable et en quelque sorte élastique de ses ressources. C'est au moyen de ces bons que le Trésor fait provisoirement face aux découverts ou déficits des budgets, jusqu'à ce qu'un excédant de recette les rembourse ou qu'un emprunt les consolide au chapitre de la dette inscrite. Il faut ajouter que le premier procédé n'existe qu'à l'état de théorie et que depuis longtemps c'est toujours le second, c'est-à-dire celui de l'emprunt, qui est employé. Toutes les fois que les bons du Trésor atteignent ou dépassent 300 millions, on les solde par une émission de rente; la dette flottante ainsi soulagée reprend son élasticité, et peut recommencer une nouvelle étape de 300 millions, conduisant à un nouvel emprunt. En 1831, les bons du Trésor s'élevaient à 15 millions, en 1849 à 68 millions. Depuis cette époque ils ont été consolidés à diverses reprises, et ont ainsi successivement permis de dépenser plusieurs centaines de millions que nous allons retrouver, avec les 300 dont il s'agit en ce moment, au grand livre de la dette inscrite. Puisqu'on ne prévoit pas pour 1864 ni pour 1865 de notables excédants de recettes, il est sans nul doute sage et prudent de ramener cette partie variable de la dette flottante à un chiffre restreint qui permettra de pourvoir aux accidents prévus ou imprévus. Mais il ne faut pas perdre de vue que ce n'est là qu'une ressource limitée et provisoire, d'une importance tout à fait secondaire dans l'ensemble de nos finances, et en présence des milliards que mettent en mouvement le budget de l'État, le budget des chemins de fer et celui des grandes institutions de crédit, il est difficile d'admettre que 200 millions de plus ou de moins dans l'émission des bons du Trésor puissent amener un grand malaise ou une détente notable dans la situation.

En effet, que va-t-il se passer? M. Fould nous dit que les 300 millions qu'il demande ne seront pas enlevés à la circulation, et qu'à la différence des autres emprunts, celui-ci ne sera qu'une simple transformation et non un accroissement de la dette. Cela est vrai de l'opération en elle-même. Il est vrai qu'à l'heure où elle se fera, 300 millions de rente 3 pour 100 vont remplacer 300 millions de bons du Trésor et changer une dette de trois, six ou douze mois en dette perpétuelle. Or, non-seulement cette opération ne rendra pas un centime à la circulation, mais, pour mesurer ce qu'elle lui enlève, il suffit d'examiner ce qu'elle est destinée à payer. Ce que nous paierons en réalité, ce sont les découverts antérieurs, et il faut bien nous attendre à ce que, reprenant un nouvel essor, les bons du Trésor recommenceront à payer provisoirement les découverts de 1864, 1865, etc. Ce n'est pas l'emprunt, il est vrai, pas plus celui-ci que les précédents, ce sont nos excédants de dépense qui enlèvent successivement les capitaux à la circulation, et qui viennent grossir le chapitre de notre dette inscrite.

Quelle sera la part de 1863 dans ces charges de l'avenir? Aujourd'hui déjà on prévoit un découvert de 32 millions qui sera soldé par l'emprunt. Pour être juste, il faut y ajouter les 107 millions fournis par les chemins de fer. Car, quelle que soit leur bonne volonté, les compagnies ne peuvent pas renoncer gratuitement à ces fonds, et comme, pour les remplacer, elles empruntent à 5 fr. 65 pour 100, c'est bien à ce taux qu'elles sont obligées en conscience de nous faire payer en annuités à partir de 1865 ce que nous leur enlevons aujourd'hui. Comptés seulement à 4 1/2 pour 100, qui est le taux actuel de la rente, ces 139 millions augmentent les intérêts de notre dette de plus de 6 millions pour la seule année 1863. On le voit, la transformation de la dette flottante est en elle-même une opération parfaitement innocente; mais ce qui l'est moins, ce sont les excédants de dépense qui la rendent nécessaire. De 1853 à 1863 ils ont absorbé 2 milliards 600 millions de ressources extraordinaires, auxquelles il faut ajouter aujourd'hui 300 millions. De 410

millions, le chapitre de la dette publique s'est élevé en
1863 à 668 millions, et il ne faut pas être un prophète
bien habile pour annoncer qu'il n'est pas au bout de ses
progrès.

Le fait grave pour nos finances, c'est précisément cet
accroissement continu du total de notre dette, accroissement qui reste excessif lors même qu'on en déduit la
part si respectable de l'amortissement, et qui diminue de
plus en plus chaque année nos ressources disponibles.

L'équilibre du budget devient ainsi presque impossible
à atteindre, et les impôts nouveaux ne suffisent pas à
combler l'écart qui existe entre nos recettes et nos dépenses. Le nouvel emprunt rend cette vérité encore plus
frappante. Quand un État ou un particulier veut emprunter, la première condition qu'exige la prudence, c'est
d'avoir sur ses revenus de quoi servir les intérêts de sa
dette. Pour être tout à fait sage, il faudrait même avoir
de quoi l'amortir, c'est-à-dire la rembourser dans un
temps donné. Ainsi, avec une plus-value dans les recettes
de 50 millions, on peut sans témérité emprunter 1 milliard. Avec la plus-value de 500 à 600 millions par an
réalisée depuis 1853, le gouvernement aurait pu largement emprunter 5 ou 6 milliards, mais à une condition,
c'est de consacrer scrupuleusement ses ressources au
service de la dette, et de ne pas employer à la fois le capital en dépenses extraordinaires et le revenu destiné
aux intérêts en augmentation des dépenses ordinaires.
C'est pourtant là la voie qu'il a suivie, et si d'une main
il a demandé au crédit 2 milliards 600 millions, de l'autre
il a porté de 1,525 millions à 2 milliards 200 millions le
chiffre de son budget. Ses dépenses ont toujours marché
plus vite que sa recette, et aujourd'hui que ses impôts
nouveaux sont absorbés d'avance, et que le budget de
1864 n'a point de réserve pour l'imprévu, avec quoi

paiera-t-on les intérêts du nouvel emprunt? N'est-il pas
à craindre qu'il soit obligé de les prendre sur les nouveaux bons du Trésor? En ce cas, ce serait la dette flottante qui paierait les intérêts de la dette consolidée, et
qui marcherait ainsi avec une vitesse accélérée vers une
nouvelle consolidation. Telle est la puissance des intérêts composés, que la dette de celui qui emprunte chaque
année, s'accroît avec la même rapidité et suit la même
progression géométrique que l'épargne de celui qui pratique l'économie. En peu de temps, celui-ci se constitue
à tout jamais un revenu égal au chiffre de son épargne
annuelle; celui-là, au contraire, perd tout le bénéfice de
ses appels au crédit et a besoin chaque année d'une
somme égale, uniquement pour en servir les intérêts. Un
gouvernement qui pendant quinze années consécutives
emprunterait 250 millions, imposerait à l'avenir du pays
une charge perpétuelle de 250 millions par an.

Nous arrivons au point le plus sérieux et en même
temps le plus délicat de notre examen. L'emprunt soula-
gera momentanément la dette flottante; il augmentera
définitivement la dette inscrite; il rendra plus difficile à
atteindre l'équilibre du budget. Mais ces avantages et ces
inconvénients seraient de peu d'importance s'ils ne se
reliaient à l'état général de la richesse publique, et s'ils
n'étaient à ce point de vue l'indice significatif d'un véritable malaise.

Ce malaise ne tient pas, comme M. Fould se l'est per-
suadé, à 100 ou 200 millions de trop à la dette flottante.
Rien de plus facile, rien de plus simple que de les consolider en faisant appel au crédit. Ce n'est là pour la
France qu'une bagatelle, bagatelle qui ne peut ni inquié-
ter, ni rassurer, ni appauvrir, ni enrichir un pays comme
le nôtre, et qui par suite ne fera ni hausser, ni baisser
l'intérêt des milliards de capitaux employés dans les

affaires. D'où vient que depuis 1853 le cours de la rente a constamment baissé? D'où vient qu'aujourd'hui, malgré la conversion qui devait la relever, malgré l'espoir d'un congrès pacifique, elle se tient entre 66 et 67 francs, c'est-à-dire à 24 francs plus bas que la rente anglaise et à 17 francs au-dessous des beaux cours du temps de Louis-Philippe? Au milieu d'un magnifique essor de prospérité qui devrait faire baisser à vue d'œil le prix des capitaux, comment se fait-il que ce prix augmente tous les jours? Nous voici en présence du mal véritable, mal dont le gouvernement n'a pas seul la responsabilité, et auquel le pays tout entier contribue tous les jours, mal dont la durée serait un danger pour la France. Il est utile de le signaler au bon sens public et d'en indiquer à la fois l'origine et le remède.

Que se passe-t-il au lendemain d'une révolution? Que s'est-il passé en 1852, 1853, etc.? L'argent qui s'était caché et qui semblait à jamais perdu pour la circulation, reparaît de tous côtés, et s'offre à quiconque lui propose des avantages sérieux. Autant il était intéressé à s'enfouir et à se tenir en réserve, autant il l'est maintenant à profiter de la reprise des affaires et de la hausse rapide de toutes les valeurs. De là pour les marchandises, pour la rente et pour les autres titres cotés à la Bourse, un élan qui les reporte promptement au-dessus de leur ancien niveau. De là pour les entreprises nouvelles une facilité merveilleuse à trouver des capitaux. De là, enfin, une abondance de numéraire qui semble dépasser les besoins de la circulation, et qui lui donne tout à coup une fiévreuse activité. Stérile dans les mains où il séjourne, l'argent ne s'arrête plus nulle part, et court en toute hâte se livrer aux établissements financiers qui le reversent autour d'eux. C'est à qui offrira au capital les primes les plus fortes, les plus riches dividendes. Non-seulement la rente 5 p. 100, qui était à 50 francs en 1848, remonte à 100 francs, et donne ainsi un bénéfice de 100 pour 100, mais on voit en quelques mois des actions de 500 francs cotées à 1800 francs. Les affaires les plus sages donnent 6 à 7 p. 100, les autres 10, 15, 20 et jusqu'à 40 pour 100.

Pour se faire une idée de la masse de capitaux ainsi attirés et employés, il suffit d'ouvrir un bulletin de la Bourse et de jeter un coup d'œil sur les valeurs émises à Paris et patronées par nos grands financiers. Après la rente française qui, en douze ans, aura absorbé près de trois milliards, après les emprunts des communes et des départements qui en ont pris au moins un, après les chemins de fer français qui à eux seuls en ont exigé près de cinq, viennent les chemins de fer russes, autrichiens, suisses, italiens, espagnols, les crédits mobiliers et fonciers de tout pays, enfin l'emprunt italien dont la France a fait presque tous les frais. On a cherché des placements jusqu'en Turquie, et l'emprunt ottoman de M. Mirès a marqué l'apogée de cette activité cosmopolite. Les statisticiens les plus habiles estiment à douze milliards l'ensemble des valeurs ainsi créées et émises depuis 1852.

D'où sont sortis ces douze milliards? L'épargne du pays est-elle réellement d'un milliard par an ? Lors même que cela serait, est-il sage de l'employer tout entière en placements de ce genre? Questions graves, auxquelles il est indispensable de répondre, si l'on a quelque souci de la vie et de la puissance financière de notre pays.

Il serait imprudent d'attribuer la masse de ces capitaux à l'épargne seule. Quelques savants, arriérés dans leurs calculs, ne l'estiment qu'à 600 millions par an; mais, fût-elle du double, elle se place en grande partie en constructions, en travaux agricoles et industriels, en avances commerciales. Ce qui n'a pas été fourni par l'épargne n'a pu l'être que de deux façons, par la suppression du numéraire dans la bourse des particuliers et par les capitaux étrangers. Il est certain que l'argent, qui se cachait en 1848, et dont chacun avait autrefois sa petite provision pour les accidents imprévus, disparaît de plus en plus du tiroir et même de la poche de chacun. On le regarde comme une marchandise emcombrante qui ne fructifie qu'autant qu'on s'en débarrasse, et, pour en avoir le moins possible de stérile, on le remplace par des billets de banque, des chèques, des obligations, papiers commodes à manier, d'une réalisation facile et presque tous producteurs d'intérêts. Dans un pays comme le nôtre, qui compte, dit-on, de quatre à cinq milliards de numéraire en circulation, on peut affirmer, sans être téméraire, que la moitié de ce qui dormait autrefois est devenue disponible par les progrès et les perfectionnements du crédit. Les capitaux étrangers ont également fourni leur part, et, pendant que nous aventurons les nôtres en Espagne, en Italie et jusqu'en Turquie, l'écart de 24 fr. qui existe entre notre rente et la rente anglaise est assez tentant pour attirer l'argent de nos voisins.

Le grand mal, diront nos financiers? Le mal est plus grand qu'ils ne le pensent; car les avantages séduisants, le gros intérêt, qui attirent l'argent de poche et les capitaux étrangers, détournent en même temps l'épargne du pays de sa véritable destination. Les dividendes exagérés sont une prime à la paresse. Au lieu de faire valoir soi-même sa fortune et d'obtenir modestement 5 0/0 en arrosant son champ de ses sueurs, on recueille sans rien faire 10 ou 15 0/0.

Un paysan qui a un patrimoine de 40,000 francs, ne mange que du lait et des pommes de terre, de la viande à peine une fois par semaine, c'est un homme qui vit de privations. S'il vend ses terres et s'il achète des actions, il aura trois ou quatre mille livres de rente. Il devient un monsieur. Qu'arrive-t-il ? Sans doute en augmentant de plus en plus l'intérêt offert, et en faisant baisser d'autant le cours de la rente, on a trouvé et on trouvera encore des capitaux, mais ces capitaux désertent l'industrie et surtout la terre. Les améliorations agricoles qui demanderaient de 500 à 1000 francs par hectares, c'est-à-dire pour la France bon nombre de milliards, sont de moins en moins faciles à réaliser, car elles exigent du temps, de l'intelligence, des efforts, et c'est à grand'peine si elles rapportent 5 0/0. Institué pour leur venir en aide, le Crédit foncier est mis dans l'impossibilité de le faire par la hausse de l'intérêt. C'est à peine s'il a prêté quelques centaines de mille francs en province, et il est réduit à concentrer ses faveurs sur les constructions parisiennes. Par contre, le Crédit mobilier attire les capitaux et les lance dans de brillantes mais lointaines spéculations. Quant à nos entreprises vraiment nationales, quant à nos chemins de fer, malgré la garantie de l'État et la solidité de leurs opérations, ils ne trouvent d'argent qu'à 5 fr. 65 0/0. La rente elle-même, comme nous l'avons vu, est tombée à 24 francs plus bas que celle des Anglais, et l'emprunt qui va s'ouvrir ne trouvera d'argent qu'au-dessous de 66 francs, c'est-à-dire en donnant bien près de 5 0/0. Insignifiant comme quantité, cet appel au crédit ne saurait faire tomber la rente beaucoup plus bas ; mais dans tous les cas ce n'est pas lui qui la relèvera. Il ne fera que tendre un peu plus une situation déjà tendue.

Inutile de se dissimuler le malaise actuel. Ce que la sagesse commande c'est d'en rechercher les causes. Il en est trois qui sautent aux yeux. La première, c'est l'atteinte portée à notre circulation métallique par les dépenses faites sans compensation en dehors du territoire, par les achats de coton, les expéditions lointaines, les emprunts étrangers: de là, à la fois, une déperdition de capitaux et une déperdition de numéraire. La seconde, c'est la rareté des capitaux pour les entreprises qui les sollicitent. L'argent des emprunts est enlevé à la circulation et aux travaux du commerce et de l'agriculture aussi bien que celui des impôts. Or un budget ordinaire de plus de deux milliards, et un appel au crédit de un milliard par an pour l'État, les départements, les communes, les chemins de fer, etc., c'est un total annuel de trois milliards que le pays a pu donner dans un moment de reprise et d'élan, mais qui semble disproportionné avec ses forces productives et son épargne vraie. La troisième cause enfin, c'est le temps d'arrêt de cette prospérité fiévreuse, de ces bénéfices exorbitants, qu'une certaine partie de la population regardait comme son pain quotidien. Aujourd'hui la spéculation est réduite à jouer à la baisse, c'est-à-dire à vivre aux dépens du public, ou à imaginer de lointaines et ruineuses combinaisons. Les bonnes veines sont épuisées. Pourtant le char est lancé. Personne ne restreint ses dépenses, et, au lieu d'une réserve pour l'imprévu, chacun a chez ses fournisseurs sa petite dette flottante, sa dette exigible, marchant plus vite que ses revenus.

Arrive un accident, une panique ou simplement une aggravation de malaise, quelles proportions ne prendra pas en quelques instants le mal que je signale? Sans doute l'orage n'atteindra pas les gens très-rares qui, résistant au courant, font valoir eux-mêmes leurs économies, et qui ne doivent rien à personne, ni sur leurs terres, ni sur leurs établissements. Mais les gros intérêts venant à diminuer, tous ceux qui en vivaient seront obligés de réaliser une partie de leurs titres. Les titres baissant, tous ceux qui comptaient sur la facilité de les réaliser quand il leur plairait, prendront peur et vendront à leur tour. Après l'avoir méprisé, chacun, étranger ou français, voudra avoir un peu de cet argent de poche stérile, il est vrai, aux jours de prospérité, mais le plus recherché et le plus sûr des placements quand les affaires chôment. Que 100,000 personnes veuillent avoir chez elles 10,000 francs chacune, cela fera un milliard, un milliard à trouver du jour au lendemain. Ce milliard, où le prendre sans amener dans la circulation une extrême pénurie, dans les valeurs une dépréciation rapide? et alors comment empêcher ceux qui détiennent les quinze ou vingt autres milliards de titres d'avoir peur à leur tour, et d'exiger aussi une réalisation impossible?

Si je parle d'une pareille crise, c'est uniquement dans le désir qu'on l'évite et qu'on remédie au mal pendant qu'il en est temps. Jamais peut-être pareille disproportion n'a existé entre le capital immobilisé, que le propriétaire fait valoir lui-même, et le capital mobilisé que le propriétaire a prêté et dont il peut demander le remboursement. La disproportion est la même entre ces valeurs exigibles ou réalisables et le numéraire qui peut faire face aux demandes de remboursement. Pour rétablir l'équilibre, pour faire remonter la rente, pour rendre à la France la liberté financière dont elle a besoin, les moyens à prendre sont très-simples : ne pas favoriser les entreprises qui attirent le capital par des dividendes excessifs, ni surtout celles qui l'envoient hors de la France ; réduire les dépenses inutiles et surtout celles des expéditions lointaines ; pour les particuliers, comme pour l'État, restreindre le luxe improductif et développer l'épargne qui crée le capital ; enfin au lieu de faire des billets de banque de 50 francs et de diminuer encore l'argent de poche, tâcher de l'augmenter, voilà ce que réclame notre sécurité financière.

Ce n'est pas dans un but mesquin de critique ou de parcimonie que j'écris ces lignes. La France est un grand pays qui doit faire les choses largement. Mais pour parler franc et ferme à ses alliés comme à ses adversaires, il faut qu'elle puisse, du jour au lendemain, tirer l'épée et jeter dans la balance un milliard pris à la fois sur la réserve de son budget, sur une dette flottante sagement réduite et sur le crédit public habilement ménagé. C'est donc un devoir sacré de tenir ces ressources disponibles. Grâce aux économies accumulées au jour de ses victoires, Napoléon Ier a pu se relever du désastre de Russie, et il fût resté invincible si les hommes ne lui avaient pas fait défaut. Faisons que ce ne soit pas l'argent qui manque à nos soldats ; gardons-nous de le semer sur toutes les grandes routes de l'univers, et, pour le plaisir de faire la conquête financière de Vienne, de Saint-Pétersbourg, de Madrid et de Turin, ne compromettons pas la liberté de notre politique.

VI

BUDGETS DE 1863, 1864 ET 1865.

Paris, le 5 avril 1863.

L'examen du budget offre un intérêt spécial au début d'une législature, alors qu'une Chambre nouvelle peut avoir la légitime prétention, sinon de modifier la politique du gouvernement, du moins d'étudier à fond sa gestion financière et d'opposer une digue efficace « à « ces entraînements de dépense dont, avec les meil- « leures intentions du monde, on a tant de peine à se « défendre. » Quelle sera à ce point de vue l'énergie du Corps législatif actuel? que deviendra entre ses mains la situation que lui a léguée son prédécesseur? Voilà ce que chacun se demande en ce moment. Voilà ce qui fait le haut intérêt et de la discussion qui va s'ouvrir et du rapport dont la commission du rapport vient de voter les conclusions et qu'a publié *le Moniteur* du 12 avril.

D'après le nouveau système inauguré par M. Fould, un budget se présente à trois reprises différentes au vote de la Chambre et au jugement de l'opinion publique. Il est fixé huit mois à l'avance, d'après l'évaluation probable, mais toujours aléatoire, des recettes et des dépenses; il est révisé en cours d'exercice, vers le mois d'avril, d'après les faits qui ont commencé à s'accomplir; enfin il est réglé, d'une façon à peu près définitive, en décembre ou en janvier, par la consécration des dépenses plus ou moins prévues qui ont achevé de se produire pendant le reste de l'année. On a fait de grands et louables efforts pour supprimer ou du moins pour restreindre tout ce qui dépasse ainsi les chiffres primitifs ; mais la prévoyance la plus exercée ne saurait y parvenir complétement. L'expérience commencée prouve d'une façon péremptoire que nos budgets continueront à passer par ces trois phases. Le budget de 1865 en est à la première ; le budget de 1864 en est à la seconde ; le budget de 1863 en est à la troisième. Ils ne pourront être comparés entre eux avec une entière certitude qu'à la fin de l'exercice 1865. Mais ce serait dès aujourd'hui commettre une grave erreur que de prendre pour unique base de cette comparaison les chiffres des budgets votés, et de ne tenir aucun compte des faits déjà connus qui les ont profondément modifiés depuis quinze mois, et des faits probables qu'un avenir prochain nous réserve En nous plaçant à ce point de vue pratique, nous aurons le regret de ne pas toujours partager l'optimisme dont le rapport est empreint, ou, pour mieux dire, nous constaterons que les événements ont presque toujours été plus sévères que les prévisions.

Cette déception périodique tient au système financier lui-même, qui la rend inévitable. On a beau présenter un budget en équilibre ; en supprimant l'amortissement, en disposant à l'avance, pour des dépenses déterminées, de toutes les ressources connues de l'avenir, et en mettant à la charge du budget rectificatif les dépenses urgentes résultant des événements inattendus et des expéditions lointaines, on arrive à des déficits certains ; car on n'a ainsi aucune réserve sérieuse pour faire face à ce qu'il y a de plus ordinaire, de plus impérieux et de plus prévu, c'est-à-dire l'imprévu. Il n'y a pas au monde de budget, public ou privé, depuis l'État le plus puissant jusqu'au plus modeste ménage, qui n'ait besoin d'une réserve d'environ 10 pour 100 pour les accidents inséparables de la marche des choses humaines. L'amortissement avait l'immense avantage de créer cette ressource sous la forme d'une dépense facultative, qu'il était toujours possible de restreindre ou de suspendre dans les moments d'embarras. Lorsqu'il est supprimé d'avance, que reste-t-il pour l'incertain ? les annulations de crédit et la plus-value tout à fait aléatoire des revenus publics.

Les annulations de crédit ne sont qu'une ressource fictive. Il est facile de s'en rendre compte. En réalité, ces annulations ne peuvent porter que sur les services qui sont sujets à des variations subites, et qui, précisément par cette raison, nécessitent presque toujours des crédits supplémentaires. Elles n'arrivent donc qu'en déduction des ressources nouvelles qu'il faut consacrer à ces mêmes services en cours d'exercice, de façon qu'il n'y aurait presque pas d'annulations s'il n'y avait pas de crédits supplémentaires. De 30 ou 40 millions d'annulations annuelles, les trois quarts, 25 ou 30 millions, portent sur la guerre et la marine, c'est-à-dire sur ces mêmes services militaires qui demandent d'ordinaire une centaine de millions au budget rectificatif ; 7 ou 8 millions portent sur les opérations variables du ministère des finances, drawbacks, restitutions, etc. ; 3 ou 4 millions sur les travaux publics de l'Etat ou des départements ; enfin 1 million à peine sur les dépenses des autres ministères. Sur chacun de ces points, les crédits supplémentaires dépassent également toujours le chiffre des annulations. Il n'y a donc là qu'une ressource fictive, qu'un virement tardif qui ne peut se faire pendant l'année, à cause de la latitude que réclament jusqu'au dernier moment les opérations militaires, financières, et l'exécution des travaux publics.

Reste comme unique réserve l'excédant des recettes sur les prévisions, élément essentiellement variable, subissant l'influence de tous les événements extérieurs, intimement lié à la marche de la prospérité publique, et qui mérite ainsi d'être étudié avec le plus grand soin. Les revenus sont d'abord évalués d'après le produit effectif de l'année qui précède la préparation du budget. Les revenus de 1861 ont servi à estimer ceux de 1863, et ce sont ceux de 1863 qui servent en ce moment à estimer ceux de 1865. Lorsqu'ils continuent à suivre une marche ascendante, on a ainsi comme réserve la plus-value qui se produit pendant le cours de deux années. Cette plus-value est appréciée à l'époque du budget rectificatif, d'après les recettes effectuées pendant les deux premiers mois de l'année commencée. Nous avons ce premier élément de certitude pour le budget de 1864; nous connaissons le produit total de 1863, et nous n'avons pour 1865 que des évaluations et des probabilités lointaines. C'est d'après cet ensemble de faits et de chiffres que nous pouvons juger et comparer entre eux les budgets de 1863, de 1864 et de 1865.

Budget de 1863.

BUDGET PRIMITIF :

Amortissement . . .	154,000,000	Amortissement . . .	154,000,000
	Fr.		Fr.
Dépenses ordinaires	1,570,000,000	Recettes ordinaires .	1,630,000,000
Dépenses extraordinaires	118,000,000	Recettes extraordinaires	66,000,000
Dépenses spéciales .	223,000,000	Recettes spéciales .	223,000,000
	2,065,000,000		2,073,000,000

BUDGET RECTIFICATIF :

Amortissement . . .	19,000,000	Amortissement . . .	19,000,000
	Fr.		Fr.
Dépenses ordinaires	25,000.000	Recettes ordinaires.	82,000,000
Dépenses extraordinaires	88,000,000	Recettes extraordinaires	3,000,000
	2,197,000,000	Annulations.	20,000,000
			2,197,000,000

BUDGET DÉFINITIF :

Dépenses ordinaires	32,000,000	Recettes extraordinaires	49,000,000
	Fr.		Fr.
Dépenses extraordinaires	62,000,000	Annulations.	2,000,000
	2,291,000,000	Découvert.	43,000,000
			2,291,000,000

Le budget de 1863, voté à 2 milliards 65 millions en 1862, a été porté en avril dernier à 2 milliards 197 millions, et enfin en décembre à 2 milliards 291 millions. En admettant que ce chiffre soit définitif, et qu'il ait été possible de calculer d'une manière précise, et sans rien oublier, toutes les dépenses faites au Mexique, on voit que, déduction faite de 30 millions d'annulations probables, les crédits supplémentaires s'élèvent encore à 196 millions, et la dépense totale à 2 milliards 261 millions .C'est 61 millions de plus qu'en 1862, 111 millions de plus qu'en 1861.

L'excédant des recettes était seul destiné à faire face à ces lourdes charges, et, bien qu'il ne fût pas impossible de les prévoir, pas un centime ne figurait au budget primitif ni pour Rome, ni pour le Mexique, ni pour la Cochinchine. Pourtant, au printemps de 1862, l'expédition du Mexique était engagée, le nom de l'archiduc Maximilien était déjà prononcé, et il était difficile d'espérer que sur ce sol remué par tant de révolutions l'ordre et la paix pussent renaître d'un coup de baguette. Il était encore plus facile de se convaincre de la nécessité de rester à Rome. Le royaume d'Italie venait d'être reconnu, et il ne fallait rien moins que la puissante main de la France pour faire vivre en présence cette double impossibilité du pouvoir temporel du Saint-Siége au cœur d'une Italie unitaire, et d'une Italie une sans Rome. Enfin l'intérêt de la France et de la civilisation dans l'extrême Orient nous commandait d'y garder la Cochinchine, et il était temps de faire entrer dans le budget ordinaire du ministère de la marine cette nouvelle colonie, la moins coûteuse de toutes, la plus riche en espérances, qui ne se pourrait plus abandonner sans une sorte d'abdication et de déshonneur. Malgré ces graves raisons, rien n'était inscrit au budget primitif pour cette triple occupation, et quand, au mois d'avril 1863, il fallut céder à l'évidence de leur durée, pour ne pas troubler l'équilibre, on limita scrupuleusement les crédits accordés à la plus-value que l'on espérait de nos recettes.

On se préparait ainsi pour la fin de l'année une double

déception, d'un côté en comptant sur des excédants en partie exagérés, en partie fictifs, de l'autre en fermant les yeux sur les frais de l'entreprise mexicaine, qui arrivait à son moment le plus difficile et partant le plus coûteux. En avril, on annonçait 79 millions de plus-value sur les revenus indirects. Malgré les chiffres significatifs des premiers mois, on n'avait pas remarqué que cet accroissement porterait en grande partie sur des sucres, qui réclameraient à leur sortie du territoire les droits qu'ils auraient acquittés, et en décembre il fallut demander 30 millions rien que pour ces drawbacks; sur ces 30 millions, 6 seulement étaient couverts par un excédant de recette. De là un premier mécompte de 24 millions. De plus, il y en eut un de 25 millions sur le timbre et l'enregistrement, de 9 millions sur les douanes, de 7 millions sur les sels et sur les tabacs. Les prévisions ne furent dépassées que pour les lettres, qui donnèrent 4 millions de plus, et pour les boissons, que, par un heureux mais inexplicable oubli, on avait négligées en avril, et qui à elles seules fournirent 16 millions. De là, sur les recettes totales de l'année, un second mécompte de 21 millions, réduit à 14 millions par les restes à recouvrer au 31 décembre. Ainsi, sur les 79 millions annoncés au budget rectificatif, il en manqua 38. Les dépenses suivirent une marche inverse, et, déduction faite des drawbacks, elles réclamèrent en fin d'année un supplément de 64 millions, qui, ajoutés aux 38 millions de recettes faisant défaut, constitua une charge imprévue de 102 millions, pesant sur la dette flottante et sur les ressources extraordinaires.

Ainsi disparut l'équilibre, qui lui-même n'avait pu être atteint au budget primitif que grâce à la suppression de l'amortissement, au maintien des impôts nouveaux et à 70 millions de ressources extraordinaires.

Budget de 1864.

BUDGET PRIMITIF :

	Fr.		Fr.
Amortissement. . .	174,000,000	Amortissement. . .	174,000,000
Dépenses ordinaires	1,601,000,000	Recettes ordinaires.	1,683,000,000
Dépenses extraordinaires	108,000,000	Recettes extraordinaires	33,000,000
Dépenses spéciales.	222,000,000	Recettes spéciales .	222,000,000
	2,105,000,000		2,112,000,000

BUDGET RECTIFICATIF :

	Fr.		Fr.
Dépenses ordinaires	28,000,000	Recettes ordinaires.	32,000,000
Dépenses extraordinaires	112,000,000	Recettes extraordinaires	71'000,000
	2,245,000,000	Annulations	30,000,000
			2,245,000,000

Le budget de 1864, qu'il s'agit de rectifier en ce moment, a été voté à 2 millards 105 millions, c'est-à-dire avec une augmentation de 40 millions sur celui de 1863. Les crédits supplémentaires, demandés le 30 mars au Corps législatif, s'élèvent à 140 millions, et dépassent de 8 millions ceux de 1863 à la même époque, total de la différence actuelle : 48 millions. Ces crédits se répartissent de la façon suivante :

Dette publique et frais du dernier emprunt. . .	20	millions.
Télégraphes, travaux publics, ministères. . . .	6	—
Guerre et marine.	4	—
Occupation de Rome	3	—
Mexique. Chine, Cochinchine.	107	—
Total.	140	millions.

On y affecte comme ressources :

Annulations probables	30 millions.
Excédant du budget primitif.	7 —
Aliénations et produits divers	5 —
Indemnité de Chine et Cochinchine	4 —
Plus-value des revenus ordinaires	32 —
Emprunt français et emprunt mexicain.	62 —
Somme égale.	140 millions.

Le fait le plus saillant qui ressort de ce tableau, c'est la diminution considérable de cette plus-value des revenus qui forme la véritable réserve de nos budgets. Elle était estimée à 82 millions en avril 1863 ; elle n'est plus pour cette année que de 32 millions. Il en résulte que l'accroissement de recettes, qui semblait devoir être de 55 millions au profit de 1864, se trouve en réalité réduit au chiffre insignifiant de 5 millions. Les dépenses, au contraire, déduction faite de 22 millions pour l'amortissement, dépassent aujourd'hui de 26 millions celles d'avril 1863. La situation est donc moins bonne que l'an dernier à pareille époque, et l'amélioration, que le rapport signale dans les budgets votés, a complétement disparu dans les budgets rectifiés.

Il est fâcheux de voir en pleine paix un pareil ralentissement dans la progression jusqu'à présent si rapide de nos revenus. Ce n'est pas un fait isolé. Il s'est produit en 1863, et a déçu les espérances trop légèrement conçues au commencement de l'année. Il menace de se renouveler et de s'aggraver en 1864. Il pèse d'avance sur les évaluations de 1865. Il faut donc l'étudier avec une scrupuleuse attention. Les 32 millions sur lesquels on compte pour 1864 se décomposent de la façon suivante :

Impôt direct.	4,200,000 fr.
Timbre et enregistrement	4,200,000
Postes.	3,600,000
Produits divers	4,000,000
Boissons et tabacs	16,200,000
Total.	32,200,000

Déduction faite de l'impôt direct et de 2 millions de timbre résultant du nouvel impôt sur les valeurs étrangères et les récépissés de chemins de fer, il ne reste pour les revenus indirects qu'un excédant de 26 millions, qui représenterait leur accroissement en deux années, soit 13 millions par an.

En retranchant également les produits fictifs des sucres, l'impôt nouveau du timbre et les mécomptes de fin d'année, la plus-value perçue en 1863 sur les revenus indirects a été d'environ 34 millions, ce qui représente un accroissement de 17 millions par an. Prenant une moyenne entre ces deux chiffres, et y ajoutant 3 ou 4 millions pour les contributions directes, 3 ou 4 millions pour les produits divers du budget, on arrive à un total de 20 millions, qui formerait actuellement l'accroissement annuel de nos revenus. Ce chiffre doit être l'objet des plus sérieuses réflexions ; car, d'un côté, la plus-value de deux années est la seule réserve à laquelle nous puissions faire appel pour les dépenses qui n'ont pas été prévues au budget ; de l'autre, la plus-value annuelle, en ce moment de 20 millions, est la seule ressource progressive qui puisse rétablir l'équilibre désirable et normal de nos recettes et de nos dépenses. Combien faudra-t-il d'années pour qu'elle nous permette de supprimer les 100 millions de ressources extraordinaires ou de découverts qui servent à aligner nos comptes, de renoncer complétement au double décime et aux surtaxes transitoires qui rapportent également plus de 100 millions, enfin de rétablir un minimum de 100 millions pour l'amortissement? On le voit, quoi qu'il arrive, et quel que soit l'élan de la prospérité publique, nous sommes loin de ce terme auquel aspirent toutes les commissions du budget, et jusqu'à présent il n'est pas permis de dire que nous nous en soyons rapprochés.

Malheureusement l'excédant si modeste de 32 millions sur lequel on semblait compter pour 1864 est lui-même un chiffre peu certain, fait pour inspirer les doutes les plus fondés, et que le gouvernement sent déjà la nécessité de réduire. Ne nous occupons que des revenus indirects qui y figurent pour environ 28 millions. On a, pour calculer ce chiffre, un double procédé. D'un côté, on compare le revenu des deux premiers mois de l'année à ceux qui ont servi de base aux estimations, et l'on suppose que les dix mois suivants donneront le même excédant. Ce premier calcul ne donnerait que 24 millions au lieu de 28, puisque la plus-value de chacun des deux premiers mois est de 2 millions. Le second procédé consiste à estimer le revenu de toute l'année, en admettant que la recette des deux premiers mois donne 15 pour 100 de la recette totale. Ce calcul qui, l'an dernier, a conduit à des évaluations exagérées, ne donnerait cette année qu'une plus-value de 18 millions. Il est difficile de s'expliquer pourquoi l'on a préféré aux 15 pour 100 la fraction de $\frac{149}{1000}$, qui s'éloigne davantage de la vérité, et qui donne 9 millions de plus. La proportion de 15 pour 100 elle-même est très-incertaine; elle résulte d'observations faites sur des années prospères, et elle confond dans une même hypothèse deux éléments de progression tout à fait différents : d'un côté l'accroissement réel et régulier qui se fait de mois en mois par le développement des consommations et des transactions, de l'autre l'accroissement apparent et tout à fait de comptabilité qui résulte de ce que beaucoup de droits sont payés en fin de trimestre ou en fin d'année. Dans les bonnes années, le premier élément peut donner une vingtaine de millions, qui disparaissent en temps de stagnation, et dont il est fort à craindre qu'une partie notable ne fasse défaut en 1864.

Ce doute est confirmé par le tableau trimestriel que vient de nous donner le *Moniteur* du 15 avril. Le troisième mois a presque complétement renversé les espérances fondées sur les deux premiers. L'ensemble du trimestre est inférieur de près de 7 millions au trimestre correspondant de 1863, qui lui-même, déduction faite des nouveaux impôts, était inférieur de 5 millions au trimestre correspondant de 1862. En comparant 1864 à 1863, il faut reconnaître pour être juste que la diminution porte précisément pour 7 millions sur les sucres qui avaient donné l'an dernier un excédant fictif. Mais, malgré le nouvel impôt sur les valeurs étrangères et sur les récépissés de chemin de fer, le timbre est en perte de 2 millions et demi. La seule plus-value notable est celle des tabacs et des boissons. Toutefois elle était de 1,680,000 francs pour les deux premiers mois ; elle n'est plus que de 684,000 francs pour le troisième. En comparant 1864 à 1862, et en déduisant les impôts nouveaux, le trimestre reste en perte de 12 millions.

En appliquant à l'ensemble des trois mois le procédé sur lequel on a raisonné pour les deux premiers, on voit que dans les années les plus favorables la recette du trimestre représente 24 pour 100 de la recette totale ; ce qui donnerait pour 1864, 1,220 millions au lieu de 1,255. Ainsi, de quelque manière que l'on fasse ces calculs, on est obligé de constater une stagnation complète, et l'on court grand risque de voir s'évanouir, pendant les neuf mois qui nous restent à parcourir, les 28 millions sur lesquels compte le budget rectificatif.

En résumé, l'amélioration constatée par le rapport en faveur de l'exercice 1864 est, à l'heure où nous sommes, plus que compromise; le budget voté à 2,105,000,000, porté récemment à 2,145 millions, aura plus de 70 millions à demander à l'emprunt français ou à l'emprunt mexicain, et, malgré les ressources que lui apporte en ce moment le traité conclu avec l'empereur du Mexique, il serait prématuré de compter sur son équilibre définitif.

L'emprunt mexicain paraît aujourd'hui assuré, et chacun s'applaudira du succès d'une opération de crédit qui permettra au nouvel empereur de Mexico d'indemniser la France d'une partie de ses sacrifices. Toutefois il ne faut pas se faire d'illusion sur la portée actuelle de cet emprunt. Emis en grande partie en France, il a pour le moment le même résultat qu'aurait un emprunt français, c'est-à-dire qu'il absorbe les capitaux des souscripteurs et qu'il fait passer à leur charge les frais de l'expédition jusqu'à présent avancés par le gouvernement. Les souscripteurs se payent eux-mêmes deux années d'intérêt, c'est-à-dire 20 pour 100 qui restent pour leur être versés à la caisse des dépôts et consignations. Quant aux intérêts futurs qui constitueront seuls le remboursement effectué par le Mexique et le bénéfice des souscripteurs, ils ne sont, comme l'annuité promise de 25 millions, qu'un avantage à venir, soumis aux mêmes chances que le gouvernement mexicain, et dont la meilleure garantie réside dans les baïonnettes de nos soldats. Est-ce assez de 10 pour 100 pour courir un pareil risque, alors qu'à nos portes, en Algérie, le taux légal et habituel de l'argent atteint le même chiffre?

Mais en admettant les circonstances les plus favorables et l'exécution pacifique et régulière des engagements

pris au nom du Mexique, la sagesse financière exige,
quant à l'emploi de ces fonds, qu'ils soient consacrés à
éteindre les découverts causés par l'expédition elle-
même, et non pas absorbés par les dépenses ordinaires
des budgets futurs. L'expédient que j'indique, et dont
il importe de prévenir le retour, a souvent fait des
dépenses passées une source de recettes fictives.
Lorsque les compagnies de chemins de fer ont remboursé à l'État les 200 millions qui leur avaient été
avancés avant 1848, au lieu d'être employés à diminuer
la dette flottante qui avait autrefois fourni ces fonds, ils
sont entrés comme recette au budget. Il en a été de
même de la dette de l'Espagne, des indemnités de Chine
et de Cochinchine. Sans doute, il n'y a là qu'un artifice
de comptabilité qui ne saurait créer de richesse, et qui,
au premier abord, semble sans conséquence. Toutefois,
mettre à la disposition du présent des ressources destinées à payer les dettes du passé, c'est d'une part laisser
s'accroître les découverts qui se traduisent inévitable-
ment par des emprunts, c'est de l'autre faire croire à une
abondance apparente et pousser à ces habitudes et à ces
entraînements de dépense sur lesquels il est plus tard si
difficile de revenir. Rien donc de plus sage et de plus
urgent que d'employer successivement les annuités de
l'indemnité mexicaine à alléger notre dette flottante que
le rapport évalue encore à 672 millions.

Budget de 1865.

	Fr.		Fr.
Amortissement. . .	184,000,000	Amortissement. . .	184,000,000
Dépenses ordinaires	1,614,000,000	Recettes ordinaires.	1,707,000,000
Dépenses extraordinaires	108,000,000	Recettes extraordinaires	15,000,000
Dépenses spéciales .	229,000,000	Recettes spéciales .	229,000,000
	2,135,000,000		2,135,000,000

Puisque nous venons d'examiner l'état de nos recettes pour 1863 et pour 1864, commençons par nous rendre compte de leur avenir probable en 1865. En laissant de côté les ressources extraordinaires et le budget sur ressources spéciales, les recettes ordinaires sont estimées à 1,707 millions, c'est-à-dire à 77 millions de plus qu'en 1863 et à 24 millions de plus qu'en 1864. Déduction faite des frais de perception et de remboursements, cette amélioration se réduit à 52 millions sur la première année et à 16 millions sur la seconde. Au premier abord, elle est satisfaisante, et, comme les dépenses semblent avoir progressé moins rapidement, la situation générale paraît meilleure. Mais cette première impression ne résiste pas à un examen plus attentif. Et d'abord il faut déduire de ces différences, au profit de 1865, quelques petits impôts imaginés depuis un an pour remplir les lacunes laissées par ceux de 1862 :

5,600,000 fr. sur les rentes étrangères et les récépissés de chemins de fer.

1,000,000 sur les autres valeurs étrangères.

4,000,000 que l'on espère de la nouvelle loi sur les sucres.

1,400,000 pour la suppression du privilége de vinage.

Total. 12,000,000 fr.

Ensuite il faut observer que les recettes votées représentent celles qui ont été effectuées deux ans auparavant, et que l'écart de 65 millions (impôts déduits), qui existe entre 1865 et 1863, indique seulement qu'en 1863 on a perçu 65 millions de plus qu'en 1861, mais nullement qu'en 1865 on percevra 65 millions de plus qu'en 1863. Au contraire, la stagnation que nous avons été obligés de constater dans nos revenus, et qui ne paraît pas encore arrivée à son terme, exercera, au moins en partie, sa fâcheuse influence sur l'année dont nous ne sommes plus qu'à huit mois de distance, et il serait téméraire de penser qu'il y aura d'ici là une reprise assez énergique pour maintenir dans les recettes effectives l'écart qui existe dans les recettes votées.

Le même doute ne saurait exister au sujet des dépenses qui, une fois votées, s'effectuent toujours. Or, celles de 1865, déduction faite de l'amortissement, et en y ajoutant, comme la commission le demandait, 15 millions pour la garantie d'intérêt des chemins de fer, s'élèvent à 1,628 millions, c'est-à-dire à 28 millions de plus que celles de 1864 et à 58 millions de plus que celles de 1863. Cet accroissement se répartit de la façon suivante :

	1864	1865
Services généraux des ministères. . . .	10 millions.	1 million.
Dette publique . . . . „	3 —	4 —
Frais de perception.	8 —	1 —
Remboursements et restitutions	9 —	7 —
Garantie d'intérêt des chemins de fer .		15 —
Total.	30 millions.	28 millions.

Ce n'est donc qu'en créant 12 millions d'impôts nouveaux et en transportant 15 millions des chemins de fer au budget extraordinaire qu'on a créé au budget ordinaire une amélioration de 34 millions, qui se réduit en réalité à une plus-value aléatoire de 7 millions.

Cette comparaison est encore modifiée par l'affectation de l'annuité mexicaine de 25 millions au budget de
1865, et par la suppression du double décime de l'enregistrement. Assurément, aucun impôt n'était plus lourd
pour l'agriculture et pour la propriété foncière que l'aggravation des droits si coûteux de l'enregistrement, et,
parmi les surtaxes temporaires à faire disparaître de nos
budgets, celle-ci devait occuper le premier rang. Toutefois n'est-il pas fâcheux de la remplacer par un impôt
définitif de 12 millions, qui réduit de 26 millions à 14 le
soulagement accordé aux contribuables? Et, d'un autre
côté, n'eût-il pas été plus sage de prélever ces 14 millions sur de véritables économies, et non sur une indemnité qui appartient aux exercices terminés et qui devrait
être affectée à la diminution de la dette flottante? Prendre ces 14 millions à nos recettes ordinaires sans opérer
la même réduction dans nos dépenses, c'est détruire
l'amélioration dont se félicitait la commission du budget,
et placer à son tour l'exercice 1865 dans une infériorité
réelle vis-à-vis du précédent.

On reproche d'ordinaire à ceux qui parlent d'économies de ne rien préciser, et de se donner la popularité
facile de la critique, sans indiquer le remède au mal. Ce
serait, en effet, faire acte de mauvais citoyen que de
rester dans ces généralités banales, et c'est un devoir de
montrer nettement d'une part les dépenses auxquelles
il n'est pas permis de se soustraire, de l'autre celles
qu'il serait possible et sage de réduire.

Il serait puéril de chercher l'équilibre en laissant de
côté des charges certaines. J'ai déjà fait observer plus
haut que Rome et la Cochinchine devraient figurer au
compte de la guerre et de la marine. La parole et l'hon-
neur de la France sont liés à cette double occupation,
qui ne nous impose qu'un sacrifice modéré, en compa-

raison de l'immense résultat moral qu'elle nous assure. Ne pas parler de cette dépense au budget primitif, c'est se condamner à la reproduire tous les ans au budget rectificatif. C'est par des motifs analogues que la commission a fait inscrire au budget extraordinaire une dépense intéressante à examiner à cause de son caractère nouveau et particulier, je veux parler de la garantie d'intérêt promise aux chemins de fer depuis 1859, mais remise jusqu'en 1865. Dans un précédent travail, j'ai fait voir, chiffres en main, par quelle ingénieuse combinaison l'État était arrivé, presque sans sacrifices présents, et en ne faisant appel qu'au crédit des compagnies, à doter la France de 7,800 kilomètres de voies ferrées. Avant 1852, environ 550 millions avaient été consacrés à leur établissement. Sur cette somme 327 millions ont été depuis remboursés par les compagnies, ce qui réduit à la modique somme de 49 millions, les 376 millions que jusqu'à la fin de 1863 le gouvernement actuel a employés à ces travaux. Ces 599 millions ne représentent qu'une faible partie du capital absorbé par les chemins de fer. L'avantage de cette économie momentanée a été compensé pour le Trésor par une garantie d'intérêt qui sera de 15 à 18 millions en 1865, de 33 millions environ les années suivantes, et par la prolongation à 99 ans de l'époque où les chemins feront retour à l'Etat. S'il faut compter ce puissant élément de prospérité à l'actif de la fortune publique et à l'actif moral du gouvernement impérial, ce serait donc une erreur financière que de le compter à l'actif de la fortune de l'Etat. Un capital à recevoir dans quatre-vingt-dix ans n'a qu'une valeur insignifiante, d'un centième environ, pour celui qui attend cette lointaine échéance, tandis que la garantie d'intérêt dont l'échéance arrive aujourd'hui même, forme une charge sérieuse, qui ira s'accumulant, jusqu'à ce que le développement de la prospérité générale soit assez puissant pour la faire disparaître. Si les Compagnies étaient solidaires, on pourrait atteindre plus promptement ce résultat désirable. Mais, tandis que les plus riches ne donneront au Trésor qu'une part limitée de leurs excédants de recettes, les plus obérées lui feront supporter en totalité leurs déficits, et il est fort à craindre que celles qui absorberont la plus grosse part de garantie, ne soient jamais en état de rembourser les avances qui leur seront faites.

La commission a obtenu, avec beaucoup de raison, que la garantie d'intérêt fût inscrite au budget et non pas laissée à la charge de la dette flottante, qu'elle viendrait bientôt grossir d'une façon démesurée. Il est moins facile de s'expliquer pourquoi cette dépense que le gouvernement lui-même estime de 15 à 18 millions pour la première année, ne figure que pour un chiffre de 13 millions et demi, et pourquoi elle est inscrite au budget extraordinaire et non au budget ordinaire. C'est là non pas une dépense facultative, mais la simple exécution des engagements pris par l'État. Il serait donc logique de la faire figurer au chapitre de la dette publique, et d'y former un nouveau chapitre sous le titre de dette des chemins de fer.

Il est bon de prévoir dès aujourd'hui que cette charge doublera en 1866. Elle absorbera annuellement 15 ou 18 millions de plus qu'en 1865, et il faudra les prendre sur ces mêmes excédants de recettes, que réclament tant de nécessités financières, et qui aujourd'hui semblent malheureusement quelque peu amoindris.

En présence des dépenses croissantes et sacrées de la dette publique sous ses formes diverses, toutes les commissions du budget se sont successivement demandé quels seraient les autres points réellement susceptibles de réduction. La commission de cette année s'est efforcée avec un louable zèle de revenir autant que possible aux

chiffres de 1863, et elle a obtenu environ 9 millions d'é-
conomies sur les divers services ordinaire et extraordinaire. De plus elle signale comme une réforme utile,
réalisée dans plusieurs pays voisins, la pensée de confier
les télégraphes à l'administration des postes. Ce projet,
contre lequel ne s'élève aucune objection de valeur, permettrait de diminuer sensiblement un chapitre qui à lui
seul s'élève aujourd'hui à 10 millions. On pourrait, sans
augmentation de personnel, doter d'un bureau télégra-
phique les petits bureaux de poste, dont les directeurs ou
employés sont peu occupés. Enfin on aurait ainsi supprimé un des rouages de cette administration centralisée
qui forme le plus admirable, mais aussi le plus coûteux
et le plus compliqué des mécanismes.

Un amendement proposait également la suppression
d'une partie des commissaires de police ruraux. Quiconque habite la campagne a pu se convaincre du peu d'utilité de ces agents au milieu de populations essentiellement pacifiques, vouées aux travaux de l'agriculture, et
dont la gendarmerie protége suffisamment la sécurité.

Toutefois, si désirables qu'elles soient, ces deux mesures n'apporteraient au budget qu'une modeste économie. Pour en trouver de notables, il faut aborder les
grands chapitres.

Parmi les travaux de luxe, sur lesquels il serait possible d'opérer de larges réductions, ne fût-ce que par
leur ralentissement, figurent au premier plan les grands
travaux de Paris. Le budget de 1865 demande :

Part contributive de l'État dans les travaux de la ville.	8,800,000 fr.
Entretien des routes traversant Paris.	3,500,000
Louvre et Tuileries.	3,200,000
Édifices publics.	2,200,000
Construction du nouvel Opéra.	4,000,000
Total.	21,700,000 fr.

Et cela, sans parler de 1,500,000 francs pour subvention aux théâtres, de 400,000 francs pour la restauration de Notre-Dame, et d'une foule d'autres dépenses analogues. Est-il juste que la capitale continue à prélever une si grosse part sur nos budgets, alors que tant de travaux productifs réclament en province le concours de l'Etat? Est-il politique d'ajouter encore à la puissance d'absorption de cette grande cité, à qui la présence du gouvernement et de l'administration centrale assure déjà de si nombreux avantages et une telle prépondérance? Ne faudrait-il pas plutôt augmenter la part si restreinte qu'elle prend aux dépenses de police et de garnison que nécessite cette immense agglomération d'hommes? La ville de Paris ne contribue que pour moitié, c'est-à-dire pour 1,940,000 francs, aux frais de sa propre garde municipale, qui ne forme qu'une partie très-minime de sa garnison. D'un autre côté, l'Etat donne 3,847,000 francs de subvention à la police parisienne. La France entière applaudirait à une mesure qui mettrait ces frais à la charge de la capitale, et qui restreindrait la part que nous prenons à sa brillante transformation.

Après les travaux de Paris, vient l'armée, dont tous les financiers souhaitent la réduction. Depuis dix ans, ce désir n'a pas cessé d'être exprimé. Le rapporteur de cette année s'en fait à son tour l'écho; mais il semble avoir perdu de vue les points précis sur lesquels portaient les observations de ses prédécesseurs, et sur lesquelles se fondaient les espérances peu à peu abandonnées du Corps législatif. Il est curieux de voir par quelles phases cette question a passé. Au commencement de la dernière législature, le rapporteur du budget de 1859 et de 1860, l'honorable M. Devinck, signalait avec une louable franchise et une clarté lumineuse l'accroissement excessif des dépenses ordinaires, la nécessité de les contenir, de rétablir l'amortissement et de supprimer au plutôt les impôts essentiellement transitoires qui pesaient sur le pays. Cherchant la cause du mal dans les dépenses croissantes des services militaires, il indiquait, avec une réserve pleine de convenance, mais en même temps d'énergie, que, sur 33 millions d'augmentation depuis 1853 pour le ministère de la guerre, 6 millions seulement avaient été employés à améliorer le sort des soldats, sous-officiers, gendarmes et officiers, et que plus de 25 millions avaient été absorbés par la création de cadres et de corps nouveaux, sur lesquels la garde impériale comptait un effectif de 20,000 hommes. Les successeurs de M. Devinck ont reproduit cette observation sous une forme moins générale, et se sont bornés à demander la suppression du régiment de gendarmerie à pied, qui forme la partie relativement la plus coûteuse de la garde. La commission de cette année a sans doute reconnu l'inutilité de ce vœu, et la garde impériale figure au budget de 1865 pour un effectif de 28,547 hommes.

Il n'appartient qu'à des militaires de discuter l'utilité d'une réserve aussi nombreuse, utilité sur laquelle les lettres récemment publiées de Napoléon Ier à son frère Joseph apportent des lumières nouvelles. C'est à ceux qui ont vu côte à côte nos divers régiments sur les glorieux champs de bataille d'Italie et de Crimée de dire jusqu'à quel point une telle distinction est motivée au milieu de soldats comme les nôtres. D'un autre côté, des raisons de haute convenance empêchent de se demander ici jusqu'à quel point et dans quelle proportion elle est nécessaire à l'éclat du trône et du pays. Au point de vue purement financier, il faut se contenter d'indiquer simplement par des chiffres le sacrifice que cette institution impose au Trésor.

Dans la garde, un fantassin ou un cavalier coûte un

peu moins du double de ce qu'il coûte dans l'armée ; un artilleur, le triple ; un gendarme à pied, cinq fois ce que coûte un soldat ordinaire.

Au chapitre seul de la solde.

Les cent-gardes figurent pour.	300,000 fr.
Le régiment de gendarmerie pour	2,000,000
L'infanterie pour	9,600,000
L'artillerie, le génie, le train pour	3,000,000
La cavalerie pour.	4,700,000
L'état-major pour.	400,000
Total.	20,000,000 fr.

En y ajoutant ce qui figure pour ces divers corps aux autres chapitres du ministère de la guerre, remonte, fourrages, hôpitaux, etc., on arriverait à un chiffre d'au moins trente millions. Dans l'armée, le même nombre d'hommes coûteraient pour la solde :

Infanterie, 11 régiments de 3 bataillons . . .	6,400,000 fr.
Artillerie, génie, train	1,000,000
Cavalerie.	2,500,000
Total.	9,900,000 fr.

La différence est la même pour les autres chapitres ; cette comparaison permet à chacun d'apprécier l'augmentation de dépense que M. Devinck signalait en 1859 comme résultant de la création de nouveaux corps.

Longtemps on a espéré obtenir des économies sur un autre point plus important encore, celui de l'effectif. Le gouvernement lui-même semblait promettre sa réduction, le jour où il serait parvenu à organiser la réserve, et dans son rapport sur les dépenses de 1853, M. de Chasseloup-Laubat, aujourd'hui ministre de la marine, s'exprimait ainsi à ce sujet : « Le gouvernement, d'après ce que « nous ont exposé ses organes, partage notre désir de

« voir réduire l'effectif de l'armée. (Il s'agissait alors de
« le ramener de quatre cent mille hommes à trois cent
« soixante-dix.) Mais il lui faut, pour y parvenir, établir
« un système de puissante réserve qu'il étudie, et qu'il
« espère être à même d'organiser peut-être dans un ave-
« nir assez prochain. Devant cette assurance, nous avons
« cru devoir ne point persister. » Depuis cette époque,
la réserve a été organisée, et a apporté au ministère de la
guerre un surcroît de dépense d'environ 11 millions.
Mais le résultat économique que l'on attendait de cette
institution s'est évanoui en présence d'expéditions suc-
cessives et d'une situation politique de plus en plus
compliquée. « D'après le rapport de 1862, le maintien
« intégral de l'effectif de quatre cent mille hommes
« importait désormais à la bonne organisation de l'ar-
« mée, dont il facilitait le passage au pied de guerre, et
« selon le gouvernement la réserve n'était pas une force
« active, mais une préparation meilleure pour passer ra-
« pidement au pied de guerre. »
Il serait fâcheux de voir ce passage rapide devenir
une des conditions de notre politique, et la réserve qui
semblait un pas vers le désarmement n'être qu'une arme
de plus pour les combats. Il est fâcheux que le Corps
législatif ait été successivement amené à renoncer à toute
réduction notable sur le ministère de la guerre, et que
cette année la commission se borne à souhaiter que de
quatre cent vingt mille hommes et quatre-vingt-quatorze
mille chevaux, on revienne à l'effectif budgétaire de
quatre cent mille hommes et de quatre-vingt-cinq mille
chevaux. Aujourd'hui que la question du Mexique semble
terminée, et que le pays reçoit les plus solennelles assu-
rances de paix, il y aurait quelque chose de plus à faire :
il faudrait du moins obtenir que les vingt-cinq mille
hommes qui resteront au delà des mers figurent dans ce

chiffre maximum de quatre cent mille hommes, et que les fonds, payés à la France pour leur entretien, viennent dégrever d'autant le ministère de la guerre. Ce serait un acheminemnt naturel vers l'effectif, autrefois normal, de trois cent soixante-dix mille hommes, pour le jour où nous pourrons rappeler nos derniers soldats. Ce désarmement partiel serait un puissant argument pour la paix, et une force de plus pour les guerres possibles. En effet, au milieu « des préoccupations égoïstes et des « aveugles défiances » qui menacent à chaque instant de troubler l'Europe, pour que notre voix soit entendue, respectée, écoutée de tous, pour que nos tentatives de conciliation soient accueillies, il faut, non-seulement que nos soldats, mais que nos finances aient une réserve qui leur permette de passer, elles aussi, au pied de guerre ; il faut que nos dépenses cessent de devancer nos recettes, que de nouveaux impôts ne viennent plus entraver l'essor des anciens, qu'une sévère économie retranche impitoyablement tous les travaux, tous les armements de luxe, et permette à la prospérité de notre beau pays de dissiper, par son expansion, les embarras qui entravent momentanément notre situation budgétaire.

Les finances ont sur la politique une influence qu'il serait dangereux de méconnaître. Les États qui dédaignent les règles de l'économie et de la prudence, finissent par être entraînés et contraints, par leurs finances mêmes, à ces téméraires impatiences qui compromettent la paix du monde, et qui jouent quitte ou double pour éviter la banqueroute. Au contraire, les États qui cherchent à réparer des embarras momentanés, et qui ont à lutter pour reconquérir leur équilibre, sont quelquefois condamnés à une prudence excessive qui gêne leurs mouvements ou qui diminue le poids de leur parole. Enfin, ceux qui sont parvenus à une véritable surabondance de ressources, jouissent d'une pleine liberté d'allures, et peuvent à leur choix amortir leur dette, réduire leurs impôts, ou jeter dans la balance des combats le poids de leur puissance financière.

Aux deux extrémités de cette échelle se placent aujourd'hui l'Italie et l'Angleterre, l'une escomptant l'avenir et jetant toutes les richesses qui tombent sous sa main dans le gouffre des déficits, l'autre allégeant chaque année sa situation et développant paisiblement sa fortune publique et privée. Le budget ordinaire de Turin s'élève à 750 millions, le budget extraordinaire à 100 millions, total 850 millions. Les recettes, malgré les perfectionnements multipliés qu'elles reçoivent tous les jours, n'atteignent pas 600 millions. Pour combler ce déficit annuel de plus de 250 millions, il ne reste, après le reliquat du dernier emprunt, que l'aliénation des chemins de fer et la vente à vil prix des biens du clergé. On arrivera ainsi à entretenir, un an ou au plus deux ans, l'armée de 300,000 hommes destinée à la conquête de la Vénétie. Ces chiffres seuls sont une menace permanente pour la paix de l'Europe. Au contraire, l'Angleterre nous offre le spectacle unique dans le monde, à l'heure où nous sommes, d'une nation diminuant chaque année ses dettes et ses charges. Sa dette, qui était en 1815 de 21 milliards, lui imposant une dépense annuelle de 816 millions, n'était plus en 1856 que de 20 milliards, et n'est aujourd'hui que d'environ 19 milliards, coûtant chaque année 655 millions. Il en résulte pour le budget une économie de 161 millions. Dans l'année qui vient de finir, le Trésor n'a pas consacré moins de 103 millions à l'amortissement de cette dette, que ses hommes d'État signalent avec raison « comme un inflexible et « formidable fardeau, grave et sérieux dans les temps « de prospérité, mais qui deviendrait beaucoup plus

« grave et plus sérieux si la prospérité était moins
« durable et moins permanente qu'on ne l'a vue jusqu'à
« ce jour. »

L'amortissement de la dette n'a pas empêché la réduction des impôts. Depuis trois ans, elle atteint le chiffre
de 166 millions qui n'ont diminué les recettes que de
41 millions, car les revenus augmentent régulièrement
de 25 à 50 millions par an. Quant aux dépenses, elles
suivent une marche inverse. En 1860-61, lors de la
guerre de Chine, elles ont été de 1 milliard 812 millions ;
en 1861-62, de 1 milliard 771 millions ; en 1862-63, de
1 milliard 732 millions ; enfin, pour 1863-64, on les
estime à 1 milliard 676 millions, c'est-à-dire à 136 millions de moins qu'en 1860-61, et à 56 millions de moins
que l'année dernière.

Deux faits ressortent de ce brillant ensemble. Le premier, c'est que la suppression de certains impôts est
presque aussitôt compensée par la plus-value des autres,
tandis que chez nous le ralentissement des recettes
se rattache d'une manière significative à la création des
nouvelles taxes en 1862. Le second, c'est qu'en rembour-
sant tous les ans une partie de sa dette, et en mettant
ainsi de nouveaux capitaux à la disposition du public,
l'Angleterre soutient le cours de sa rente au-dessus de
tous les cours connus. Le 5 p. 100 italien à 68 fr. représente du 3 p. 100 à 45 fr. ; la rente anglaise est à 92,
c'est-à-dire à un cours deux fois plus élevé. Cette comparaison est éloquente. Car, aujourd'hui que les capitaux
ne connaissent pas de barrières, et que les valeurs du
monde entier leur sont partout offertes, ils ne suivent
pas d'autre loi que celle de leur propre sécurité et de
leur confiance instinctive dans la main qui les manie.

L'Angleterre est souvent citée comme un modèle de
liberté politique. Que la France, qui ne doit rien avoir à

lui envier, qui n'est ni moins forte, ni moins riche en ressources de toute nature, prenne à cœur dès aujourd'hui d'égaler au moins sa sagesse financière. Pour atteindre ce résultat, auquel chacun serait heureux de contribuer et d'applaudir, il suffit de ménager pendant quelques années le ressort si puissant de notre prospérité nationale. La voie est toute tracée. Du jour où l'amortissement fonctionnera dans les limites les plus modestes, notre 3 p. 100 que la conversion n'a pas relevé et qui a tant de peine à dépasser 67 fr., reprendra son élasticité et marchera d'un pas sûr vers ces cours de 80 ou de 85 fr. auxquels notre légitime orgueil a droit de prétendre. Que de larges économies permettent de renoncer non-seulement au double décime de l'enregistrement, mais à toutes les surtaxes que nos armements et nos expéditions ont rendues nécessaires, et nous verrons nos recettes s'accroître avec la même rapidité que par le passé et combler en peu de temps le vide qu'elles laissent chaque année. Il y aura là une force de plus et pour les travaux pacifiques qui développent le bien-être des masses, et pour les grandes causes que la France met sa gloire à soutenir avec le plus généreux désintéressement.

VII

TRAVAUX DE PARIS.

Paris, le 20 mars 1869.

La discussion sur les finances et sur les embellissements de Paris est terminée. C'est en vain que M. Rouher
a essayé de diminuer l'importance de ce débat, en déclarant que ce n'était point une question politique, mais
simplement une question d'administration, de gestion
financière. A voir les passions qu'elle a soulevées, il est
évident qu'elle touchait au vif les amis et les adversaires
du Gouvernement.

Les premiers ont eu la maladresse de supposer que
c'était une des gloires de la politique impériale qu'il s'a-
gissait de défendre, et ils y ont mis d'autant plus de zèle
que le reste du tableau est moins séduisant. Nos magni-
fiques boulevards, l'admiration de l'étranger, les conso-
lent des échecs que notre influence a subis dans l'un et
l'autre monde; le luxe, qui rayonne si librement autour
du nouvel Opéra, leur fait oublier les souffrances de notre
commerce et de notre industrie. Enfin, bien que le pom-
peux escalier du Trocadéro ne mène qu'au vide, en le
gravissant ils se disent qu'ils montent au Capitole, que
la France est la nation la plus puissante, la plus riche,
la plus libre, la plus heureuse de la terre. Il est facile de

leur montrer qu'ils se trompent, et que, loin de fortifier le pouvoir, l'hypertrophie de la capitale l'affaiblit singulièrement.

Si la majorité, dans un accès de dévoûment peu éclairé, a élevé les travaux de Paris à la hauteur d'un intérêt quasi-dynastique, certains députés de l'Opposition les ont pour ainsi dire réduits à un intérêt de clocher. Ils ne critiquent pas précisément les travaux en eux-mêmes, mais seulement les procédés dictatoriaux au moyen desquels ils ont été accomplis. A les entendre, leur Paris n'est ni trop vaste ni trop beau, il ne lui faudrait qu'un peu plus de liberté. Leurs chers électeurs sont pacifiques, conservateurs, amis de l'ordre et de la tranquillité ; ils ont toutes les vertus. Qu'on les laisse faire, ils nommeront un conseil municipal qui sera le modèle de la France, et qui aidera tout doucement M. Haussmann à réparer ses erreurs. Tout ira pour le mieux dans la meilleure des cités. C'est encore là une illusion, et la centralisation parisienne n'est pas moins funeste à la liberté qu'à l'autorité.

Les uns jugeant ainsi les choses au point de vue du pouvoir central, les autres au point de vue de la cité centrale, personne, ce semble, n'a parlé au nom des départements, qui ont bien le droit de dire ce qu'ils pensent d'une capitale où leur richesse et leur population, leurs franchises et leurs libertés viennent se perdre comme dans un gouffre. Pour eux, il ne s'agit pas seulement de savoir si la gestion du préfet de la Seine a été plus ou moins régulière, si les commissions prélevées par le Crédit foncier ont été exagérées, si le milliard dû par la Ville sera remboursé en dix ans ou en soixante, mais si l'accroissement maladif de la capitale ne fait pas courir au pays tout entier un péril menaçant. Si vous jugez comme moi que là soit la vraie question, je vous demande la permission de l'examiner brièvement avec vous.

N'en prenons que le côté financier. Les considérations morales et politiques nous conduiraient trop loin. Si les Parisiens sont seuls à payer les entreprises de leur préfet, la province pourra les plaindre et blâmer leur aventureux administrateur ; mais elle n'aura dans le débat qu'un intérêt platonique. Bien plus, à entendre les orateurs du Gouvernement, elle recueillerait même les miettes du festin babylonien qu'elle contemple de loin. Paris acquittant à lui seul plus de contributions que quinze départements, ce serait un trop plein qui se répandrait sur la France entière, et qui y serait employé en travaux utiles. Honnêtes campagnards, vous ne l'auriez jamais soupçonné : ce n'est pas vous qui payez l'Opéra, ce n'est pas vous qui paierez le Trocadéro, auquel on vous demande de contribuer ; ce sont les Parisiens qui vous aident à faire vos chemins de fer, voire même vos chemins vicinaux. La chose est curieuse, voyons-la de près. Il est vrai que Paris apporte 346 millions par an au budget des recettes ; mais personne n'a supputé ce qu'il prend au budget des dépenses. En voici le compte abrégé :

Liste civile de l'Empereur, les 3/5. . . . . .F.	15,000,000
Dotation de la famille impériale, les 3/5.	900,000
Sénat.	6,680,000
Corps législatif.	5,002,020
Administration centrale des ministères.	18,987,178
Conseil d'État.	2,318,900
Conseil privé.	300,000
Journal officiel.	200,000
Cour de cassation et Palais-de-Justice	1,359,800
Traitement des ambassades étrangères à Paris.	3,435,000
Subvention à la police de Paris.	5,207,000
A reporter. . . . . ,	59,389,898

Report	59,389,898
Dépenses secrètes de sûreté publique, 1/2	1,000,000
Administration centrale des télégraphes	400,000
Cour des Comptes	1,546.700
Imprimerie impériale	5,640.000
Légion d'honneur	320,200
États-majors, garde impériale, armée de Paris	50,000,000
Écoles polytechnique et d'état-major	848,673
Invalides	1,463,529
Écoles normale et des Chartes	354,210
Institut, Collége de France, Muséum, Observatoire	2,011,940
Académie de médecine	723,250
Arts-et-Métiers, Écoles centrales des mines, des ponts et chaussées	1,363,300
Entretien des chaussées dans Paris	4,000,000
Moyenne des allocations de l'État pour travaux dans Paris, Opéra, Tuileries, etc.	10,000,000
Écoles des Beaux-Arts, Écoles de dessin, ouvrages d'art, fête du 15 août, Exposition	1,467,200
Conservatoire de musique, souscriptions	1,615,000
Encouragements, publications	562,000
Bâtiments civils, édifices publics	3,000,000
Frais de perception sur les 346 millions d'impôts payés par la capitale	45,000,000
Part de Paris dans les autres dépenses des divers ministères	12,000,000
Part de la capitale dans le service de la dette publique, perpétuelle ou viagère, au minimum	150,000,000
Total	352,675,900

Ainsi, tout compte fait, MM. les conseillers d'Etat s'étaient trompés. Les Parisiens prennent tous les ans au budget quelques millions de plus qu'ils n'y apportent. Ces millions, c'est la province qui les leur envoie. Ce ne sont donc pas eux qui paient nos chemins de fer et nos routes. Au contraire, c'est bien nous qui payons l'Opéra et le Trocadéro.

Ce serait peu si nos sacrifices se bornaient à ce chiffre infime. Mais il ne représente que la centième partie des richesses qu'absorbe la capitale. Aujourd'hui, nous y arrivons en chemin de fer à raison de 50,000 voyageurs par jour. De chaque gare, des avenues spacieuses nous conduisent dans les rues centrales, où l'on a construit pour nous recevoir plus de 4,000 hôtels meublés et plus de 19,000 maisons neuves. Partout des théâtres, des cafés chantants, des bals, des concerts qui nous tendent les bras. Toutefois, cette hospitalité n'est pas gratuite. Si bien garnie et préservée des voleurs que puisse être notre bourse, elle se videra jusqu'au dernier centime avant de revoir les champs qui l'ont vu naître. On peut estimer à 2 millions par jour la dépense de 100,000 provinciaux de passage à Paris, et à 2 autres millions celle des provinciaux qui s'y installent pour cinq ou six mois, et qui y consomment les trois quarts de leurs revenus. Total, 4 millions par jour ; 1,660 millions par an. Là-dessus, il y a 1,560 millions qui sont versés sur le pavé de la capitale, et environ 100 millions qui sont, il est vrai, sauvés par le fisc, mais qui, étant directement payés par les revenus de la province, devraient être déduits des 346 millions dont on nous a parlé. Resteraient 246 millions, formant réellement la quote-part des impôts de Paris, qui, en échange, touche plus de 350 millions.

Malheureusement, ce n'est pas tout. Oh ! si la province ne voyait partir que ses revenus, si les capitaux ne subissaient pas ce fatal entraînement, et si l'épargne de chaque année se plaçait en améliorations agricoles ou industrielles, sans doute le mal serait déjà grand, mais la fortune publique ne serait pas atteinte dans sa source. Il n'en est pas ainsi. Le provincial qui vient à Paris, ou qui de loin le retrouve dans son journal, est alléché par les annonces merveilleuses qui de toutes parts s'étalent à ses yeux. Quand il gagne péniblement à la sueur de son front 3 ou 4 p. 100 du capital qu'il fait valoir, il faudrait un cœur d'airain pour renoncer aux perspectives magiques que lui ouvrent la Caisse des chemins de fer, le Crédit mobilier, l'Emprunt mexicain. Pourquoi refuser de gaîté de cœur des dividendes de 20 p. 100, des intérêts de 16 p. 100, des gros lots de 50,000, de 100,000 fr., tels qu'en ont palpé le député ou le sénateur que l'on connaît ? Comment ne pas prendre à leur émission quelques-unes de ces actions qu'on pourra bientôt revendre trois fois plus qu'elles n'auront coûté ? Pour les plus raisonnables, les obligations de chemins de fer émises chaque année pour 300 millions, les 200 millions d'obligations du Crédit foncier, les emprunts d'environ 200 millions destinés à consolider le déficit de chaque budget, offrent des placements qu'on a appelés de pères de famille. De là un draînage d'un nouveau genre, le draînage des capitaux, qui détourne de son véritable emploi l'épargne de la France, et qui attire à Paris le plus clair de nos richesses.

A lui seul, le gouvernement actuel a emprunté. 3,554,000,000
La ville de Paris 1,144,000,000
Les autres villes 671,000,000
Les départements. 236,000,000
Les chemins de fer 8,514,000,000
Total. 14,119,000,000

Près de 2 milliards par an passent ainsi par les mains des agents de change, assistés des banquiers et des receveurs généraux, pour alimenter le découvert du budget, les chemins de fer français et étrangers, les travaux publics et privés de Paris, les sociétés de crédit et de spéculation, et enfin le Trésor de tous les pays en déficit, Turquie, Mexique, Tunis, Egypte, Italie, Espagne, etc.

Sans doute cet argent ne demeure pas à Paris. Il n'y

a que la Banque de France qui garde 1 milliard dans ses caves, ce qui vaut encore mieux que de faire des chemins de fer en Espagne ou un empire à Mexico. Mais, sur ces 2 milliards qui passent entre leurs mains, les agents de change, banquiers, administrateurs, prôneurs et lanceurs des grandes affaires, prélèvent environ 10 pour 100, soit 200 millions, qu'ils ont bien gagnés par leur zèle à endoctriner le public et à pomper les capitaux. Ajoutez-y 100 millions d'emprunt pour la ville de Paris, 100 millions avancés par le Crédit foncier ou par le Comptoir des Entrepreneurs pour les constructions particulières, et voilà encore 400 millions par an versés sur le pavé de la grande cité.

Quoi d'étonnant, maintenant, si ses habitants prospèrent, s'ils vivent grassement, opérant jusqu'aux frontières le drainage des primeurs, des fruits délicats et des filets de bœuf, ne laissant aux campagnards que les asperges montées, les pommes talées et la viande de seconde catégorie? Quoi de surprenant si, à leur tour, les campagnards se dégoûtent de leur vie frugale et veulent, eux aussi, devenir valets, cochers, commissionnaires, sergents de ville ou rentiers des boulevards?

Qu'on y prenne garde! Il y a là, pour la capitale et pour la province, un péril économique des plus redoutables. M. Rouher l'a dit: Paris est devenu le marché universel du luxe, attirant à lui les trésors de la France et du monde. A la première crise, le luxe s'arrêtera; on ne verra plus venir ni capitaux, ni étrangers. On ne vendra plus ni meubles, ni bijoux, ni modes du jour, toutes choses dont on peut momentanément se passer, et dont on se passe quand on n'a pas de superflu. Le macadam ne produisant par lui-même ni un sac de blé, ni un litre de vrai vin, Paris sera du jour au lendemain condamné à mourir de faim au milieu de ses richesses. On se rappelle ses tortures en 1792, alors qu'il n'avait pas 500,000 habitants. Qu'on se figure 2 millions d'hommes mis au même régime !

De son côté, la France n'avait qu'un moyen de résister à la concurrence étrangère, à laquelle le traité de commerce l'avait brusquement exposée : c'était d'amortir ses canaux, ses chemins de fer, ses usines, ses mines de houille ou de fer ; c'était de mettre 500 ou 1,000 francs par hectare en engrais, bétail, drainage, machines et bâtiments ; c'était, en un mot, d'augmenter son capital, c'est-à-dire sa puissance de production. Sans parler des milliards dépensés par l'État en guerres stériles, que n'auraient pas fait pour notre force agricole, commerciale ou industrielle, ceux que la ville et les habitants de Paris ont empruntés pour leurs bâtisses, ceux que les pays étrangers ont absorbés pour leurs voies ferrées ou pour leurs folies révolutionnaires, ceux que le Crédit foncier, le Crédit mobilier, le Crédit immobilier et tous les crédits possibles ont détournés de leur véritable destination ? Les plaintes de l'agriculture, les gémissements de l'industrie cotonnière, de l'industrie linière, de la marine marchande et de la métallurgie ne nous révèlent que trop leur gêne, qui peut se résumer en deux mots : absence de capitaux suffisants.

Ce n'est pas tout. Qu'il survienne une crise financière ou une grande guerre, et l'on verra sonner le quart-d'heure de Rabelais pour la richesse mobilière, où s'est follement accumulée l'épargne du pays. Non-seulement les entreprises véreuses achèveront de sombrer, mais les plus solides seront atteintes par la contagion de la peur. Les morceaux de papier, actions, obligations, titres de rente, qui représentent aujourd'hui, dans la poche des particuliers, une valeur d'une quarantaine de milliards, voudront se réaliser, et se disputeront les 5 ou 6 milliards d'or et d'argent qui sont dans la circulation. Cela s'appelle une liquidation, et cela arrive de temps à autre, quand un commerçant ou une société a abusé du crédit. Mais on peut affirmer que jamais l'histoire n'en a enregistré de comparable à celle dont nous serions aujourd'hui menacés.

Ainsi, à la centralisation politique, contre laquelle s'élèvent avec raison tous les esprits sensés, est venue se joindre une centralisation financière non moins funeste, non moins déplorable. Les travaux et les embellissements de Paris ne sont que la manifestation accessoire de ce grand fait, qui domine toute notre situation.

Ses conséquences sont faciles à mesurer. Dans la capitale, démesurément grossie, se sont condensés les vices et les périls inhérents à cette œuvre contre nature. La population s'y est de plus en plus divisée en deux grandes catégories : d'un côté, une aristocratie nouvelle, la pire de toutes, l'aristocratie d'argent, offrant aux gens de lettres et aux hommes politiques une part dans ses bénéfices fantastiques, propageant par son exemple et par ses doctrines le culte des intérêts matériels ; de l'autre, une démagogie obéissant aux mêmes appétits et ne rêvant que l'emploi de la force pour répartir plus équitablement les biens de ce monde. Les premiers ne demandent que la tranquillité sous un pouvoir fort, qui chasse loin d'eux les inquiétudes et les soucis ; les seconds ne rêvent que bouleversements et révolutions. Ainsi ont grandi les semences de despotisme et d'anarchie dont Paris est depuis quatre-vingts ans le réceptacle.

Cette concentration croissante de luxe et de misère, d'égoïsme et de rancunes, est assurément le principal obstacle au rétablissement de nos libertés publiques. Le pouvoir n'en souffre pas moins. Autour de lui s'est for-

mée une fausse France, une fausse opinion publique,
n'ayant plus d'autre principe que le culte du succès, et
oubliant qu'en finances, comme en politique, la morale
est la seule source des succès durables, la seule force
capable de résister aux insuccès inévitables. Peuplant
peu à peu les grands corps de l'État, l'aristocratie financière y a pris la place des censitaires de la monarchie
parlementaire. A la fiction du pays légal, qui, après
tout, représentait des influences locales et des fortunes
indépendantes, a succédé la fiction du pays parisien en-
richi à nos dépens. Il est temps pour le gouvernement
de s'arracher à ce dangereux mirage et d'aller chercher
au delà des sphères officielles la vraie France, qui tra-
vaille, qui produit et qui paie. Il est temps pour le pays
de résister au funeste entraînement qu'il subit, et de
prendre en main le soin de ses intérêts.

VIII

LE BUDGET DE 1870.

Paris, le 28 mars 1869.

Rien n'est immuable comme les lois de l'arithmétique, et au premier abord il semble qu'un budget soit la chose la plus facile à bien calculer. Cependant il en est du budget de l'État comme des devis d'architecte. Qui ne connaît l'élasticité merveilleuse dont sont douées les dépenses d'une construction? L'architecte est de la meilleure foi du monde; vous lui feriez injure si vous lui supposiez l'intention même lointaine de tromper son client. Mais il a un si grand désir de bâtir qu'il se fait illusion à lui-même, et il finit par se persuader qu'il ne dépassera pas le crédit qui lui est alloué.

Il en est de même du gouvernement, quand il s'agit d'établir une année à l'avance l'équilibre de ses recettes et de ses dépenses. De plus, arrive tous les six ans une échéance solennelle qui redouble encore en lui cette honorable soif d'équilibre : c'est l'époque des élections générales. De là un équilibre spécial que l'on pourrait nommer l'équilibre électoral.

Avant la guerre d'Italie, on avait atteint ce but si ardemment poursuivi, et le budget de 1858, présenté à la veille des élections de 1857, se solda réellement par un excédant de recettes de 16 millions. Pour qu'un signe marquât aux yeux de la postérité cette année mémorable, le chiffre des dépenses s'arrêta respectueusement au chiffre même du millésime, et eut soin de se borner à 1858 millions. Depuis cette époque, les dépenses augmentant en moyenne d'une quarantaine de millions par an, c'est-à-dire quarante fois plus vite que le millésime, cette curieuse coïncidence a pour jamais disparu, et, les recettes n'ayant pas eu le même ressort, tous les budgets se sont soldés en déficit.

Cependant, à la veille des élections de 1863, on fit un effort désespéré pour rétablir l'équilibre des budgets de 1863 et de 1864. Par une heureuse inspiration, les raffineries françaises venaient de fabriquer un grand nombre de pains de sucre destinés à l'exportation, et ces pains de sucre avaient payé aux contributions indirectes des droits qui faisaient espérer pour l'année une plus-value de 79 millions. On oublia que ces mêmes marchandises allaient, en passant la frontière, se faire rembourser, sous le nom de drawback, l'impôt qu'elles avaient acquitté, et, tenant pour certaines ces recettes fictives, on calcula d'après le nombre des pains de sucre le nombre des rations que mangeraient nos soldats du Mexique, et le nombre de coups de fusil qu'ils auraient à tirer sur les partisans de Juarès. Par ce procédé, l'équilibre était atteint. Du moins les députés votèrent les crédits supplémentaires de 1863 et puis se séparèrent avec cette douce persuasion, qu'ils s'efforcèrent de faire partager à leurs électeurs. Mais, quelques mois après les élections, éclata un mécompte terrible, et le budget de 1863 se solda par un déficit de 219 millions. Le budget de 1864, également voté en équilibre au commencement de 1863, ne fut pas moins malheureux, et se solda par un excès de dépenses de 254 millions.

Cette leçon sévère aurait dû, ce semble, profiter au gouvernement et au Corps législatif, et l'on ne devrait plus s'exposer à retomber dans la même faute pour le budget de 1870 que l'on discute en ce moment.

Voyons s'il en est ainsi. La chose vaut la peine d'être sérieusement examinée.

Rien de plus régulier, au premier abord, que l'équilibre du budget de 1870. Il se soldait même, avec une certaine élégance, par un léger excédant de recettes de 1,257,000 fr. que la commission a eu l'art de porter à 1,434,500 fr. Voici les éléments de cette balance.

	Fr.		Fr.
Recettes ordinaires.	1,738,467,393	Dépenses ordinaires	1,650,882,748
Recettes spéciales .	280,298,910	Dépenses spéciales.	280,298,910
Recettes de l'amortissement.	77,122,666	Dépenses de l'amortissement.	77,122,000
Recettes extraordinaires	37,256,000	Dépenses extraordinaires	123,406,811
		Excédant de recettes	1,434,500
Total . . .	2,133,144,969	Total. . .	2,133,144,969

Le premier fait qui diminue le charme de ce tableau rassurant, c'est qu'à l'exemple de ses prédécesseurs le budget de 1870 va en grossissant beaucoup plus vite que le chiffre des années, et que, comparé à celui de 1869, il s'annonce par une augmentation de 60 millions. 60 millions en un an ! cela ne s'était pas vu depuis longtemps ; car en général on se contentait de 40 millions par an. Depuis 1858, en déduisant les ressources spéciales de l'amortissement qui ne figuraient que pour mémoire, l'augmentation était de 430 millions. Elle est maintenant de 490 millions.

Pour être juste, nous devrions même ajouter à nos 60

millions les 6 millions que les villes de Brest, Bordeaux et Dunkerque vont, d'après l'aveu de M. Magne, avancer à l'État pour être employés aux travaux des ports. Car c'est bien là, si nous ne nous trompons, un véritable emprunt remboursable par annuités. On arrive ainsi à 66 millions.

Nous examinerons tout à l'heure ces nouvelles dépenses. Voyons d'abord avec quelles ressources on y fait face.

Ressources spéciales et d'amortissement.	9 millions.
Droit d'entrée sur les vins étrangers.	1 —
Vente de forêts.	1 —
Avances faites par les ports de mer	6 —
Excédant disponible des exercices 1867 et 1868.	15 —
Plus-value probable des impôts	35 —
Total. . . .	67 millions.

Sur ce dernier chiffre de 35 millions, 31 millions seulement représentent l'accroissement des contributions directes et indirectes, calculé d'après les rentrées de 1868. On sait que le moindre événement fâcheux aurait pour résultat de faire disparaître ces recettes, qui n'existent qu'en espérances. D'un autre côté, l'enregistrement y figure à lui seul pour 12 millions, qu'il faut attribuer en grande partie aux folles expropriations de Paris. Pour peu qu'on ait, comme nous devons le désirer, la sagesse de ralentir les travaux de la capitale, il en résultera une nouvelle cause de mécompte. Il n'est donc pas prudent de faire trop de fond sur ces 31 millions.

On y a ajouté 4 millions provenant de la vente d'anciens fusils, ressource purement accidentelle qu'il eût été plus sage d'appliquer à la fabrication des armes nouvelles, pour lesquelles aucun crédit ne figure au budget. Puis viennent les 6 millions des ports de mer, 1 million sur les forêts. Enfin, par un procédé souvent employé déjà, on a repêché 15 millions dans les exercices 1867 et 1868, alors que le premier se solde par un découvert de 175 millions, et que le second n'a joint les deux bouts qu'en puisant largement au dernier emprunt. En réalité, sur 67 millions, on s'est ainsi procuré 26 millions de ressources extraordinaires, qu'il eût été plus sage d'affecter au remboursement de la dette flottante.

Nous avons déjà eu l'occasion de vous signaler la combinaison ingénieuse par laquelle les dépenses du passé, soldées par des emprunts surabondants, fournissent ainsi des ressources au présent. En même temps, on persiste à évaluer au plus bas les dépenses de l'avenir, et c'est ainsi qu'on obtient l'équilibre factice de ce budget.

Un exemple très-simple va vous aider à comprendre cette double opération. Je suppose que j'aie à bâtir tous les ans une maison coûtant 100,000 francs, mais que je n'aie que 80,000 francs à y consacrer. Mon architecte, toujours imprévoyant, me fera pour la maison de 1870 un devis de 90,000 francs, réduisant en apparence la dépense de 10,000 francs. Mais en même temps il estimera à 110,000 francs environ la construction de 1868, qui m'en aura coûté 100,000, de façon que, tous comptes réglés, cette construction soldée par un emprunt me laissera un excédant disponible de 10,000 francs, pour parfaire mon devis de 90,000.

Si nos recettes ont ainsi profité des reliquats du passé, nos dépenses ont également subi, en sens inverse, une atténuation fâcheuse, qui ne résiste pas à l'examen, et que l'avenir fera promptement disparaître.

En effet, les augmentations de crédit de 1870 se partagent de la façon suivante :

Dépenses spéciales et ministère des finances. . . . 27 millions.
Télégraphes et instruction publique . . . . 1 —
Augmentation de solde pour les officiers de l'armée. 3 —
Travaux extraordinaires de la marine . . . . 2 —
Travaux publics . . . . 26 —
Souvenir légué par le Corps législatif mourant aux
   anciens militaires, églises, presbytères et mai-
   sons d'école . . . . 1 —

Total. . . . . 60 millions.

Or, dans cette somme, rien, absolument rien n'a été prévu pour les dépenses extraordinaires auxquelles semblent nous condamner les agrandissements et l'attitude de la Prusse. Comme si tous les points noirs avaient disparu de l'horizon, les services militaires ont été estimés au plus bas et limités à 548 millions, alors qu'ils nous en coûtent depuis longtemps 6 ou 700. La marine, qui, depuis 1858, a toujours atteint au minimun 192 millions, ne figure que pour 172 millions. La guerre, qui, dans l'année la moins dispendieuse, s'est élevée à 405 millions, n'en demande que 376. A peine 5 millions pour la garde nationale mobile, et pourtant la commission du budget indique que l'organisation de 110,000 hommes seulement demandera 15 milllions. Rien pour les travaux du génie, destinés à mettre nos places fortes à la hauteur des progrès de l'artillerie ; rien pour la fabrication des armes nouvelles, si ce n'est 100,000 francs pour forger 1,000 sabres de dragons et 400 cuirasses.

Veut-on par là faire croire aux électeurs que d'ici au 1er janvier 1870 une baguette magique aura pacifié l'Europe et réalisé le désarmement universel, ou bien se berce-t-on de l'espoir que jusque-là une brillante campagne d'été aura mis un terme à l'ambition de nos voisins ? On comprend combien de pareils rêves seraient-

dangereux, s'ils devaient servir de base à nos prévisions financières.

Quoi qu'il en soit, je vais vous prouver, chiffres en main, que dès à présent le crédit de 132 millions, affecté sur le dernier emprunt aux armements de la guerre, est d'une insuffisance marquée. Afin de simplifier, ne nous occupons que des fusils. Puisque l'on a voté une loi militaire qui porte notre effectif à 1,300,000 hommes, on ne voudra pas apparemment les laisser désarmés. Or, on estime que pour entrer en campagne il faut 3 fusils par homme, soit, pour 1 million de soldats, 3 millions de fusils. Admettons que l'on se contente de 1,500 mille chassepots, et que, par une économie peut-être mal entendue, on y ajoute 1,500 mille fusils transformés. Les premiers doivent coûter 65 francs pièce, auxquels il faut ajouter pour 500 cartouches 25 francs environ : soit 90 francs par arme ; 135 millions pour 1,500 mille armes. La transformation d'un vieux fusil coûte au moins 25 francs, auxquels il faut ajouter 25 francs de cartouches : soit 50 francs par arme ; 75 millions pour 1,500 mille armes. J'ai estimé les cartouches au-dessous de leur valeur, parce que l'État possède une partie des matières premières destinées à leur fabrication. Quant à leur nombre, il est indispensable, si l'on veut que, par l'exercice fréquent du tir à la cible, nos troupes apprennent à tirer de leurs armes tout le parti possible, et si l'on se rappelle qu'il vaut mieux augmenter la valeur que le nombre des soldats.

Ainsi, pour nos fusils seuls, il nous faut 210 millions, et je ne parle ni des mitrailleuses, ni des fortifications, ni des harnais de l'artillerie, ni de la garde nationale mobile, toutes choses qui ne nous mèneront pas loin de 300 millions. Sur cette somme, l'emprunt n'en a donné que 132. Prendra-t-on le reste sur les 100,000 francs destinés aux sabres des dragons ?

Lorsque nous avons à solder des dépenses de première nécessité de cette importance, dépenses qui ne pourront être couvertes que par un nouvel appel au crédit, est-ce bien le cas de venir nous parler d'amortissement? D'ailleurs cet amortissement est plus apparent que réel. On va racheter des rentes pour le chiffre microscopique de 32 millions, qui, au cours actuel, représentent 1,370,000 francs de rente. Ce sont des frais de courtage complétement inutiles que le budget de 1870 va payer d'une main, alors que de l'autre il emprunte déjà :

15 millions aux exercices 1867 et 1868.
 6 — avancés par les ports de mer.
16 — avancés par la Société algérienne.

Total. 37 millions.

Ainsi l'extinction de la dette, dont il est question, ressemble beaucoup à la balance de nos recettes et de nos dépenses, et j'avais raison en commençant d'appeler cet équilibre un équilibre électoral.

A peine nommée, la nouvelle Chambre aura, sans nul doute, à voter des crédits supplémentaires pour les exercices 1869 et 1870, et un emprunt ou un accroissement de dette flottante pour faire face à ces crédits. Ne vaut-il pas mieux que les électeurs en soient prévenus dès aujourd'hui, et que, dégagés de toute illusion, ils puissent choisir des représentants bien pénétrés de leur mission véritable et résolus à dire toute la vérité au gouvernement? Pour le pouvoir, comme pour le pays, rien de plus fatal que de vivre en dehors de la réalité, et de se figurer, avec les meilleures intentions du monde, une prospérité imaginaire qui nous conduit insensiblement à notre ruine.

Certes, l'impossibilité de réduire en ce moment nos

dépenses militaires est la critique la plus sévère de la politique suivie par le gouvernement, et il est profondément douloureux, pour un pays qui marche à la tête de la civilisation, de consacrer le tiers de son budget à des armements toujours croissants. Mais, il est inutile de nous le dissimuler, les fautes commises depuis dix ans et la situation menaçante prise par la Prusse, imposent à notre patriotisme des charges considérables, qu'il faut savoir regarder en face et courageusement accepter. Toutefois, si nous voulons que ces sacrifices ne soient pas au-dessus de nos forces, il faut que le pouvoir imite notre générosité, et que, d'accord avec lui, nous supprimions toutes les dépenses de luxe qui peuvent être l'ornement de la paix et l'emploi légitime du superflu, mais qui, aujourd'hui, ne sauraient plus être maintenues sous aucun prétexte. Plus de garde impériale, plus de grands commandements militaires, réduction des gros traitements, abandon spontané d'une partie de la liste civile, suppression des subsides de tous genres que l'État paye à la ville de Paris, voilà les mesures que réclame la situation.

Toutefois si nous donnons au gouvernement les moyens d'action qu'exigent les circonstances, il faut du moins que nous sachions comment on en usera. Plus de ces mystères qui jettent l'inquiétude partout. Qu'une politique à ciel ouvert, déclarant hautement que nous ne voulons pas de conquêtes, vienne donner un démenti solennel aux bruits accrédités par M. de Bismark et nous rendre les sympathies de l'Allemagne. Inutile de cacher nos armements, dont le gouvernement prussien suit jour par jour les progrès. Armons au grand jour, mais que le monde sache que ce n'est pas pour continuer le système des annexions, que nous ne sommes pas prêts a faire la paix aux dépens des petites nationalités, que, bien au contraire, nous voulons les soutenir et les défendre contre leurs puissants voisins. Une ligne de conduite nette, franche, catégorique, posée sur ce terrain de la justice et du droit des faibles, vaut à elle seule 500,000 hommes et un million de fusils de plus. Car elle nous donnera des alliés, et surtout elle nous donnera la force morale qui prépare, qui assure la victoire, et qui seule aujourd'hui pourrait empêcher la guerre, en nous rendant l'ascendant que nous avons perdu. Cette politique, c'est à la France de la vouloir et d'oser dire qu'elle la veut.

IX

RÉSULTATS DES TRAITÉS DE COMMERCE.

Paris, le 22 avril 1869.

Au nom d'une théorie humanitaire, mais profondément antifrançaise, les adeptes du libre échange prétendent alternativement sacrifier notre agriculture à l'intérêt de notre industrie, notre industrie à l'intérêt de notre agriculture, et les immoler ainsi toutes deux au principe ruineux de la liberté du commerce. A les entendre, les traités conclus avec l'Angleterre et la Belgique ne sont qu'un premier pas dans la voie où ils espèrent nous entraîner, qu'une transition momentanée qui nous conduira bientôt à la suppression de toute protection. Mais ce premier pas nous a coûté cher, et l'expérience des dix années que nous venons de traverser est suffisante pour que le pays se prononce en connaissance de cause sur cet audacieux système.

A l'instant où nos principales industries se sont senties menacées pour la première fois, chacune d'elles ne songeait qu'à détourner les coups qui lui étaient destinés, sans se préoccuper du sort des autres. Aujourd'hui que la lumière s'est faite, le laboureur sait que la ruine de notre industrie nationale serait pour lui une calamité publique ; le fabricant et l'ouvrier sentent que toute blessure faite à l'agriculture les atteindrait eux-mêmes en fermant leurs plus sûrs débouchés. Tous comprennent que leurs intérêts sont solidaires, qu'ils n'ont de chance de succès qu'en unissant leurs efforts pour protéger dans leur ensemble les diverses branches du travail national.

En effet, comme on l'a dit souvent, si richement doté que soit notre pays, ses champs n'égaleront pas de sitôt la fertilité des terres vierges du nouveau monde ; pendant longtemps encore la force motrice et le fer, éléments de tout travail mécanique, y seront plus rares et plus chers qu'en Angleterre. Si donc l'amour de la patrie nous empêche de nous disperser aux quatre coins du monde pour y chercher de meilleures conditions économiques, si nous sommes décidés à habiter et à cultiver quand même la contrée qui s'appelle la France, il faut bien que nous nous assurions mutuellement contre la concurrence étrangère, et que nous donnions la préférence aux produits du sol auquel nous avons attaché notre cœur, nos souvenirs, nos espérances et notre légitime orgueil. De là pour la société, et pour le pouvoir qui la représente, le devoir étroit de faire peser sur les marchandises étrangères des charges au moins égales à celles que supportent les nôtres, et de n'ouvrir le champ à la concurrence du dehors que quand nous serons préparés au combat et que nous pourrons lutter à armes égales. Avant de songer à se mesurer avec les Prussiens, on a eu grand soin de donner à nos soldats des chassepots et des mitrailleuses. En a-t-on agi de même envers notre agriculture et notre industrie ? Les a-t-on armées avant de les faire entrer en lice ? Sont-elles sorties à leur avantage du champ clos ouvert par le traité de 1860 ? En un mot, quels sont les progrès ou les souffrances que l'on est en droit d'attribuer au nouveau régime commercial ?

L'agriculture française ne ressemble en aucune façon à l'agriculture anglaise qui reçoit en abondance le trop plein des capitaux de l'industrie, et qui pourtant ne produit qu'en partie les grains nécessaires à la nourriture de la population. Ayant besoin pour vivre de blés étrangers, tirant ses gros profits de l'exportation des fers et des tissus, et espérant les faire pénétrer partout au nom de la liberté du commerce, l'Angleterre avait le plus grand intérêt à devenir l'apôtre du libre échange. Pour elle, les risques à courir étaient fort limités, les chances de gain n'avaient point de bornes. Au contraire, chez nous, l'agriculture n'est pas l'accessoire ; elle forme en quelque sorte le fond du pays. Vivant sur des terres morcelées et en général médiocres, elle gagne laborieusement son pain à la sueur de son front.

A voir la dîme que le fisc prélève sur ses produits, les charges qu'il attache au titre de propriétaire, et, en sens inverse, les primes qu'on offre de toutes parts aux capitaux qui quittent la campagne, on dirait que l'on veut dégoûter le cultivateur de la terre qu'il féconde par son travail. Outre l'impôt foncier, les centimes additionnels et les prestations, outre les contributions indirectes de tous genres et l'impôt du sang généralisé par la dernière loi militaire, n'avons-nous pas un régime hypothécaire des plus dispendieux, qui conduit à la ruine tout agriculteur obligé d'emprunter sur sa terre ? N'avons-nous pas des droits de mutation barbares qui entravent les échanges, et qui, si les décès se succèdent, absorbent une portion notable de la propriété ? Enfin, si le malheureux paysan laisse des mineurs, les frais de justice et de partage ne viennent-ils pas souvent emporter le peu qui reste à ses enfants ?

Afin de remédier au mal, on avait fondé un crédit foncier et, sous son égide, un crédit agricole, qui devaient, disait-on, reporter sur les campagnes les capitaux des villes ; mais chacun sait que, malgré leur incontestable bonne volonté, ces institutions ont échoué devant les difficultés inhérentes à notre régime hypothécaire et fiscal. Pour subsister, elles en sont venues peu à peu à pratiquer l'opération inverse de celle à laquelle elles étaient destinées. Elles ont servi de canaux pour conduire à Paris les capitaux des campagnes ; car l'eau coule toujours de l'endroit où elle est comprimée vers celui où elle peut s'épancher librement.

Le gouvernement a prêté à ce funeste drainage le concours de ses receveurs généraux, plaçant dans tous nos départements, outre l'emprunt mexicain, les 465 millions d'obligations émises pour payer clandestinement les travaux de Paris. Ce n'est pas encore assez, et aujourd'hui le Sénat vient de renvoyer au gouvernement, comme digne de son approbation, une pétition qui demande l'établissement de caisses d'épargne dans les communes rurales, comme si la caisse d'épargne du paysan n'était pas sa terre, son pré, son champ, partout susceptible d'amélioration, comme si l'argent n'était pas encore pompé assez vite par toutes les affaires séduisantes qui le détournent par milliards de son emploi naturel.

En même temps qu'on traque le capital dans les campagnes et qu'on l'attire dans les villes, on ouvre notre marché aux produits agricoles du monde entier, sans leur faire supporter la moindre charge. Le colon américain, qui a la terre pour rien, qui ne connaît ni enregistrement ni conscription, peut nous vendre son blé sans payer un centime de droits d'entrée. N'y a-t-il pas là une injustice révoltante, une protection à rebours, une préférence donnée à l'étranger, et, au nom même de la libre concurrence comme au nom du patriotisme, ne serait-il pas équitable de faire supporter aux autres des charges équivalentes à celles dont nous sommes grevés?

Cet état de choses a amené un véritable découragement. La production du blé qui n'avait cessé d'augmenter depuis le commencement du siècle a subi un temps d'arrêt marqué. Dans les six années qui se sont écoulées de 1855 à 1860, l'importation des céréales a surpassé l'exportation de 94 millions. De 1862 à 1867 les importations l'emportent sur les exportations de 118 millions.

En échange des sacrifices que nous impose une concurrence draconienne, avons-nous du moins recueilli les vastes bénéfices que l'on nous promettait il y a dix ans? Non, les vins et les eaux-de-vie, dont on parlait tant, sont restés en quelque sorte rivés aux chiffres passés. Car il faut faire bien attention de ne pas confondre les valeurs officielles des anciens états de douanes avec les valeurs doubles ou triples des états actuels. Ainsi de 230 millions en 1859, les vins ne sont montés qu'à 245 millions en 1867. De 95 millions les eaux-de-vie sont tombées à 67.

L'augmentation n'a sérieusement porté que sur les menus produits agricoles dont l'Angleterre a besoin, qu'elle va acheter au plus près, et qu'elle nous aurait pris en tout état de cause. Ainsi,

De 32 millions, les fromages et beurre se sont élevés à . . . . . 67 millions
De 16 millions, les œufs à . . . . 39 »
De 8 » les fruits de table à. . 28 »

On le voit, il y a là un magnifique marché ouvert aux productions en apparence les moins importantes de nos campagnes. Il le serait de même à nos céréales, si nous les cultivions dans des conditions moins défavorables.

En résumé, l'agriculture française est pleine de vie.

Pour prendre un brillant essor, elle ne demande qu'à être débarrassée des liens dans lesquels on l'enserre. Au lieu de lui faire au budget une aumône d'un peu moins de 4 millions, qu'on lui rende la liberté des échanges, qu'on abaisse les droits de mutation et les frais de justice, qu'on cesse d'appeler les capitaux à Paris, enfin, qu'on impose aux produits étrangers une charge équivalente à celle que nous supportons, et alors nous pourrons lutter à armes égales, et enrichir notre sol des améliorations de tous genres dont il est susceptible.

Passons à l'industrie. Ici les prévisions des libres échangistes n'ont pas été moins déçues qu'en agriculture. On nous avait annoncé que les pays voisins absorberaient une immense quantité de nos vins, et que de leur côté ils nous enverraient sur une grande échelle certains de leurs produits manufacturés. Il n'en a rien été. Nos importations, qui se sont élevées en 1867 au chiffre considérable de 3,026 millions, et qui, il faut le dire, ont dépassé nos exportations de 201 millions, consistent presque exclusivement en produits agricoles et en matières premières nécessaires à notre industrie.

Soies.	345 millions.
Céréales.	319 »
Cotons en laine.	237 »
Laines en masse.	224 »
Bois communs.	173 »
Houille.	147 »
Peaux.	137 »
Bestiaux.	124 »
Lin.	74 »
Engrais.	40 »
Chevaux.	20 »

Les principaux produits manufacturés du dehors n'entrent chez nous qu'en quantités insignifiantes :

Les tissus de soie pour. . . . 25 millions.
Les tissus de coton pour. . . . 9 »
Les tissus de laine pour. . . . 42 »
Les fers, fontes et machines, pour 25 »

De leur côté, nos exportations ont conservé leur ancien caractère. Ce sont des objets de luxe, où le goût français nous assure une supériorité incontestable, supériorité que tous les peuples du monde sont disposés à payer.

Les étoffes de soie figurent en tête pour 423 millions.
Les étoffes de laine qui remplacent de plus
 en plus les anciennes indiennes, pour 237 »
Les meubles, tabletterie, mercerie, pour 185 »
La confection, pour. . . . . . . 94 »

Puis vient toute la série des peaux ouvrées, cristaux, bijoux, modes, fleurs artificielles, chapeaux de feutre, horlogerie, parfumerie et autres objets du même genre, dont nous approvisionnons l'un et l'autre hémisphère.

Il semble donc que notre industrie soit restée maîtresse de son marché national. Mais est-ce à dire que, comme on pourrait le croire au premier abord, elle n'ait point souffert ? Ce serait se faire d'étranges illusions. Pour se maintenir, elle a dû s'imposer les plus rudes sacrifices, sacrifices poussés à leur dernière limite, si bien qu'un léger abaissement de droits, une crise extérieure, ou une inondation de marchandises au-dessous du cours, comme les Anglais en font de temps à autre pour vider leurs magasins, achèverait notre ruine.

Pour le coton, l'ancienne industrie des indiennes n'a soutenu ses modestes exportations qu'au moyen de l'introduction temporaire de tissus étrangers. Mais telle est l'état de gêne de la filature et du tissage que cette minime importation de 5 millions de tissus a suffi pour jeter l'inquiétude et pour exciter les plaintes les plus vives. Dans le Nord, comme en Alsace, un certain nombre d'établissements neufs sont en vente et ne trouvent point d'acheteurs ; d'autres sont fermés, d'autres ont réduit les heures de travail. En un mot, les capitaux qui y sont engagés ne reçoivent point de rémunération, et les nombreux ouvriers qui y trouvent leur existence, n'ont que des salaires réduits, et sont sous la menace d'un chômage complet.

Il en est de même des fers. La France n'a vendu quelques machines au dehors que grâce aux acquits à caution. Cependant ces importations temporaires, limitées à 19 millions, ont été la goutte d'eau qui a fait déborder le vase. Non seulement les fourneaux au bois ont succombé, mais dans les usines au charbon minéral, la gêne est universelle, les prix sont peu rémunérateurs, et les bénéfices n'ont aucune proportion avec les capitaux dépensés pour renouveler le matériel et développer les moyens de fabrication. Dans cette brusque transformation, dont le traité de commerce avait fait une question de vie ou de mort, les petits établissements ont presque tous succombé, les grands ne se sont soutenus qu'en déployant aux dépens des autres une immense énergie.

Ces faits indiquent d'une façon péremptoire que nous ne sommes pas encore à même de lutter sur le marché étranger, et qu'en ce moment notre ambition doit se borner à conserver notre marché national.

Faut-il s'en étonner ? Au lieu d'être combattues par une politique éclairée, les causes d'infériorité tenant à la nature des choses ont été aggravées pour nous par les vices de notre régime financier. Avant d'être exposée à la concurrence du dehors, l'industrie, comme l'agriculture, avait besoin de capitaux et de moyens de transport à bon marché.

Je ne reviendrai pas sur ce que j'ai dit de l'attraction fatale exercée sur la richesse du pays par l'agiotage et par la spéculation. Je me bornerai à rappeler, pour ce qui est des transports, que l'État a prolongé à 99 ans toutes les concessions de chemins de fer; qu'en restreignant, autant que possible, le chiffre de ses subventions, il s'est interdit d'exiger des réductions de tarifs; que pour comble, il a imaginé un impôt sur les voyageurs et sur les marchandises, si bien qu'en France les uns et les autres paient beaucoup plus cher que dans tous les pays voisins.

Si les milliards, semés à tous les vents par la spéculation ou dépensés en guerres stériles, avaient été employés à développer notre agriculture et notre industrie, à payer nos chemins de fer et à diminuer d'autant nos prix de transport, notre situation serait tout autre. Peut-être nos exportations de produits manufacturiers n'auraient-elles pas augmenté plus qu'elles ne l'ont fait; mais à l'intérieur ces mêmes produits auraient trouvé des prix rémunérateurs. Quant à nos importations, qu'on revoie les chiffres cités plus haut : rien que sur les céréales, laines, lin, houille, peaux et bestiaux, il y a un milliard par an de produits que l'on pourrait tirer de notre sol, ce qui ferait vivre aisément un million de familles de plus, et ce qui constituerait pour la fortune publique un accroissement de 20 ou 25 milliards.

Il ne s'agit pas seulement ici des riches, qui auront toujours de quoi subsister, il s'agit des classes laborieuses, se nourrissant au jour le jour du fruit de leur travail, et partageant avec les propriétaires le produit des capitaux qu'elles font valoir.

La conclusion est facile à tirer. Le tempérament de

la France est assez robuste pour qu'elle ait résisté à des saignées réitérées ; mais le système Broussais finit par tuer le malade le plus vigoureux. Il est temps de ménager nos capitaux, et de les conserver soigneusement à notre agriculture et à notre industrie. En attendant qu'elles se soient fortifiées, il est indispensable que des droits suffisants les protégent et fassent supporter aux marchandises étrangères les moins imposées des charges équivalentes aux nôtres. Au lieu d'un système humanitaire, nous aurons ainsi un système français.

Sans doute, le chef de l'État s'est réservé le privilége de modifier par des traités de commerce telle ou telle portion de notre régime douanier. Mais ces actes diplomatiques ne sauraient remanier à la fois toutes les conditions économiques et financières dans lesquelles nous sommes placés, et atteindre l'ensemble de la richesse du pays, sans que le pays lui-même soit consulté. Le Corps législatif a été et sera encore le juge en dernier ressort du traité de commerce. Ainsi, qu'agriculteurs et industriels, que patrons et ouvriers oublient leurs anciennes querelles ou leurs petits intérêts particuliers pour se donner de véritables représentants, résolus à prendre en main la défense de nos grands intérêts nationaux. Il dépendra des députés qu'ils vont nommer d'encourager ou d'arrêter dans leur essor les doctrines libres échangistes, aveuglément acceptées dans le monde officiel, follement soutenues par une partie de l'opposition. A eux de demander qu'au lieu de les trancher par des mesures dictatoriales préparées dans l'ombre, on discute au grand jour toutes les questions de tarifs et de finances. A eux de dire la vérité à ceux qui nous gouvernent. C'est le plus grand service qu'on puisse rendre au souverain et au pays.

CONCLUSION.

—

Depuis dix ans, de 1859 à 1869, on a cherché par tous les moyens possibles à distraire la France.

Dans l'ordre économique, on nous a amusés par le mirage de l'Exposition universelle et des travaux de Paris, pendant que notre agriculture et notre industrie étaient appauvries par la centralisation des capitaux et menacées par l'utopie humanitaire du libre échange.

Au dehors, on nous a étourdis par le bruit de quelques guerres stériles, tandis que le système des nationalités et des grandes agglomérations ruinait partout notre influence.

A l'intérieur, au lieu de la décentralisation et de la vraie liberté, on a jeté en pâture à l'opinion la question romaine et les discussions religieuses, sans penser que le catholicisme ne fait qu'un dans le monde avec l'action de la France, qu'on ne saurait l'amoindrir sans nous diminuer nous-mêmes, qu'en même temps, il est la base de la morale et de la paix publiques, le lien qui devrait unir entre elles, au lieu de les diviser, les différentes classes de la société.

C'est en vain que les intérêts matériels se sont flattés de profiter de l'abandon dans lequel on laissait des intérêts d'un ordre plus élevé. Ils n'ont pas tardé à porter à leur tour le poids des fautes commises.

Nos budgets ont crû tous les ans de 40 millions, employés en grande partie à payer les intérêts d'emprunts incessants. Sur 2 milliards 200 millions, 700 millions ont presque toujours été consacrés aux armements de la guerre et de la marine. La nouvelle loi militaire ne paraît pas destinée à diminuer ce fardeau. Au lieu d'être payés sur nos excédants de recettes, les chemins de fer ont été construits par le crédit, et figurent pour plus de 8 milliards au passif de la fortune publique. Des spéculations de tous genres ont absorbé les capitaux dont l'agriculture et l'industrie avaient besoin pour se développer. Placé au foyer de la prospérité factice de Paris, au milieu d'un petit cercle de conseillers enthousiastes et chimériques, le gouvernement lui-même n'a-t-il pas souffert à son tour? n'a-t-il pas vu s'ébranler le prestige qu'il exerçait au dehors, la confiance qu'il inspirait au dedans?

L'heure est solennelle pour nous et pour le pouvoir. Loin de moi la pensée d'accuser de parti pris les intentions de ceux qui nous gouvernent. Le plus grand tort est au pays qui a abdiqué entre leurs mains et qui a cru qu'il pouvait se décharger entièrement sur eux du soin de ses intérêts.

Il est encore temps, mais il est grand temps de réparer le mal fait. Plus d'utopies! plus de politique humanitaire! plus de distractions malsaines! plus d'incurie, plus d'apathie, plus de lâche indifférence! Que la France prenne soin de ses affaires. C'est le seul moyen de prévenir de nouveaux bouleversements.

TABLE DES MATIÈRES

Préface. 5

Budget de 1863. 7

Traité de commerce. 13

Nouveaux impôts. 23

Les chemins de fer. 33

Plan financier de M. Fould.— Mexique.— Emprunt. . 41

Budgets de 1863, 1864, 1865. 63

Travaux de Paris. 91

Budget de 1870. 101

Résultats des traités de commerce. 111

Conclusion. 121

PARIS. — IMP. DE VICTOR GOUPY, RUE GARANCIÈRE, 5.